家族がよろこぶ
ダンボール工作
子供のための 収納・家具・おもちゃ

pika
ピカ

登場人物を紹介します

これから一緒にダンボール工作をナビゲートする
pika家の人々を紹介します。

ゆうくん
ふたごの兄。4歳。心優しきマイペース男児。柔和でこわいもの知らず。

あっくん
ふたごの弟。4歳。やんちゃな食いしんボーイ。豪快だけど実は繊細。

ママ(pika)
工作大好きなお絵描きドクター。みんなが寝静まった深夜に工作やマンガにいそしんでいる。

パパ
まじめで人見知りな営業マン。趣味はゲームと野球観戦。この本の中ではレアキャラ。

もくじ

作り始める前にチェック！

ダンボール工作の基本
- basic lesson - P.04

	写真	作り方
ダンボールについて		P.04
基本の道具		P.05
基本のテクニック		P.06-08
基本の箱を作ってみよう		P.09
工作のコツ		P.19
箱A：お道具箱	P.09	P.12-13.18
箱B：ファイルボックス	P.10	P.14-15
箱C：三段引き出し	P.11	P.16-17

小さくても本格的！

キッズ家具＆おもちゃ
- kids funiture & toy - P.20

	写真	作り方
ミニデスク＆チェア	P.20	P.22-27
おままごとキッチン	P.28	P.30-35
冷蔵庫＆レンジ＆トースター	P.36	P.38-43
おままごとレジ	P.44	P.46-47.79
人形用ベッド	P.48	P.50
人形用トイレ	P.49	P.51
ダンボールハウス	P.52	P.54
トイレ用踏み台	P.53	P.55-56
サイコロカレンダー	P.57	P.58-59

家が片づく！

子供のための収納
- kids Storage - P.60

	写真	作り方
2段式絵本棚	P.60	P.62-65
おむつストッカー	P.61	P.66-67
リモコンラック	P.68	P.70
クレヨンハウス	P.69	P.71
お支度ラック	P.72	P.74-78
シューズストッカー	P.80	P.81
増やせるお便りBOX	P.82	P.84
壁掛け薬棚	P.83	P.85
お絵かき額縁	P.86	P.87
タブレットスタンド	P.90	P.88-89
十字ペン立て	P.91	P.92-93

みんなのアイデア集 …… P.94

この本に関するご質問は、お電話またはWebで
書名／家族がよろこぶダンボール工作
本のコード／NV70491　担当／有馬・長瀬
Tel：03-3383-0637（平日13:00〜17：00受付）

Webサイト「日本ヴォーグ社の本」
http://book.nihonvogue.co.jp
※サイト内「お問い合わせ」からお入りください。（終日受付）
（注）Webでのお問い合わせはパソコン専用になります。

本誌に掲載の作品を、複製して販売（店頭、ネットオークション等）することは禁止されています。手づくりを楽しむためにのみご利用ください。

作り始める前にチェック!
ダンボール工作の基本
-basic lesson-

ダンボールについて

おむつの箱は丈夫で大きさも扱いやすく、おすすめ。その他、通販の箱など、手に入りやすいものでOK。ただし、作品によって使っているダンボールの厚さが違うので注意して。ダンボールの厚さについては下記を参照。

ダンボールの目

ダンボールには目の向きがあります。波形の山(中芯)の向きによって強度が違うので、図面内に矢印で示した目の向きを合わせて切り出してください。

タテ目

ヨコ目

ダンボールの構造

この本で主に使用するのは、一般的な「両面ダンボール」です。2枚の平らな原紙「ライナー」の間に、波形に成形された原紙「中芯」を貼り合せた構造です。

表ライナー(印刷されている面)
中芯
裏ライナー
表ライナー
中芯
裏ライナー
フルート(段)

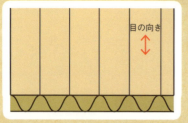

目の向き

ダンボールの種類

中芯の波形のことを「フルート」と呼び、波の高さによって区別しています。この本では3mm・4mm・8mmの厚さの段ボールを使用しています。

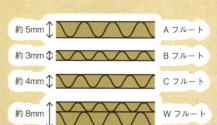

約5mm Aフルート
約3mm Bフルート
約4mm Cフルート
約8mm Wフルート

基本の道具

はじめから全部そろえなくても、まずは手持ちのものでOK。ガンガン作るようになったら、いい道具を使うと完成度や使いやすさがUPします。

「切る」

カッター＆替刃
大型で、背にツメのついたタイプが便利。こまめに刃を替えるのもポイント。

刃折処理器
小さな子供がいると刃の扱いには特に注意したいもの。安全に刃を折れるアイテム。

カッターマット
方眼つきで、A3程度の大きさがあると便利。二つ折りできて収納しやすいタイプも。

定規
切り出すときは金属製、図を写すときは方眼つきがおすすめ。曲尺か三角定規もあると便利。

「くっつける」

グルーガン＆グルー
素早く接着できる。手元スイッチとスタンドつきで、液漏れしにくいタイプがおすすめ。

木工用接着剤
グルーより接着に時間がかかるが、強度があり、見た目もキレイに仕上がる。速乾性が便利。

のり
ダンボール同士を面で貼り合せるときや、包装紙で装飾する際に使える。

ガムテープ類
簡単に工作したいときにグルーガンやボンドの代用として。強度は落ちる。

「端処理＆仕上げ」

マスキングテープ
端処理が簡単にできる。ダンボールの色に合わせて選ぶとキレイ。仮どめにも活躍。

包装紙・インテリアシート
壁などに貼るインテリアシートは、ダンボールも簡単に装飾できる。

塗料
広い面にはスプレー塗料や、マニキュアのように塗れる刷毛つきタイプが便利。

はさみ
マスキングテープや包装紙、インテリアシートなどははさみでカットして使う。

basic lesson

基本のテクニック

直角の線を引く

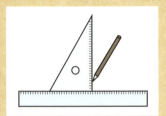

01 カッターマットの方眼を利用して、下辺を横線に合わせ、ダンボールの上下を任意の縦線に合わせると簡単に直角の線が引ける。

02 曲尺を使う場合は、下辺を横軸に合わせ、縦軸に沿って線を引く。

※このほか、三角定規を使っても直角を引くことができる。
※定規にすべり止めがついていない場合は、裏にビニールテープなどを貼るとよい。

きれいに切る

定規をしっかり押さえ、カッターを握る手は力を入れすぎず、同じ場所を何度も一方向に切るときれいに切れる(無理に一度で切ろうとしない)。

POINT1 切れ味が悪くなったらこまめに刃を折る。

POINT2 ダンボール1枚を切るときは短めに、何枚か重ねた段ボールを切るときは少し長めに出す。

折る（90度）

01 折りたい線上にカッターの背のツメ（またはインクの切れたボールペンなど）で筋を入れる（裏ライナーと中芯をつぶす）。

02 筋に沿って折る。

折り返す（180度）

01 折りたい線を中心に左右5〜8mm程度(ダンボールの厚さの約2倍)の2本の筋を入れる(ハーフカットしておくとはがしやすい)。

02 カッターの背のツメやヘラなどを使って、01の2本の筋の間の裏ライナーと中芯をはがす(表ライナーを切らないように注意)。

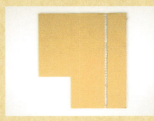

03 裏ライナーと中芯をはがした状態。はがした部分に溝ができる。

04 折り返してくっつく面と03の溝全体にボンドを塗る。小さなダンボール片で薄く広げる。

05 180度折り返す。

端がキレイ&補強になる
ひきだしなどに…

曲げる（カーブ）

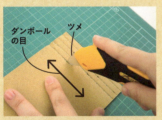

01 曲げたい部分のすべての中芯の山にカッターの背のツメ(またはインクの切れたボールペンなど)で筋を入れる(裏ライナーと中芯をつぶす)。

02 筋を入れた状態。

03 自在にカーブを作れる。

くっつける（グルーガンの扱い方）

01 くっつけたい箇所の外側にマスキングテープを貼って仮どめする。

02 利き手でない側で形を保持しつつ、内側からグルーガンで接着する。くっつけたい両方の面にグルーがつくようにする。

POINT グルーをはずすとき、そのまま引くと糸を引いてしまうので、ソフトクリームを作る要領で先を回しながら糸を切るようにする。

くっつける（広い面）

01 ボンドを全面に薄く塗り広げる。小さなダンボール片をヘラ代わりに使うとやりやすい。

02 2枚を貼り合せる。強度を出すためにダンボールの目の向きを変える。

03 重し（中身入りのペットボトルなど）を面全体に均等に乗せて圧着し、乾燥させる（反り防止）。

くっつける（テープ類で）

01 つなげたい部分の内側にテープを貼る。

02 貼ったところ。

03 外側も同様にテープで貼る。両面を貼ることで強度を上げる。

くっつける（のりで）

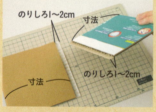  

01 寸法より1～2cm長く切り、P.07「折り返す」を参照して表（または）裏ライナーと中芯をはがす。

02 01で作ったのりしろ部分にのりを塗る。

03 貼り合わせる。

直角に接着する

01 くっつけたい辺の端にボンドを塗る。

02 くっつける相手をしっかりと圧着して乾燥させる（速乾性なら10～15分）。

03 マスキングテープなどで補強する。内側と外側に貼る。

基本の箱を
作ってみよう

はさみやのりを使うのが大好きな
ふたりのために、すぐに手に取れるよう、
お道具箱にまとめました。
以前よりも工作をする機会が増え、
折り紙などもまとめて
しまっておけるので重宝しています。

作り方 P12-13,P18

できあがりサイズ
W22.5cm×H10.5cm×D15cm
ダンボールの目安
厚さ4mm・W44cm×H29cm×D30cmの箱半分（本体・中身）
その他の材料
なし
仕上げ
マスキングテープ

→ 箱A：お道具箱

難易度 ★★★　　時間 ★★★

basic lesson

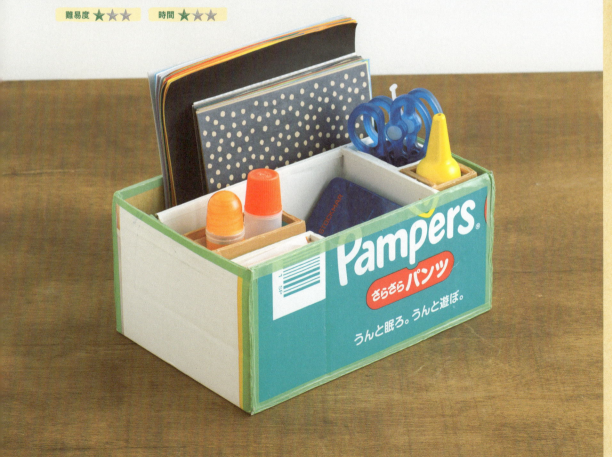

→ 箱B：ファイルボックス

難易度 ★★★　　時間 ★★★

テーブルの端にちょこっと置きたい、
そんな本やプリントのために作りました。
机の上に散らばりがちな資料を
まとめて1か所にしまっておけるので、
いくつか作って愛用しています。
本棚や戸棚の収納仕切りとしても便利です。
作り方 **P14-15**

できあがりサイズ
W10cm×H31cm×D24cm
ダンボールの目安
厚さ4mm・W44cm×H37.5cm×D28.8cmの箱を半分
その他の材料
なし
仕上げ
インテリアシート

→ 箱C：三段引き出し

難易度 ★★★　　時間 ★★★

ちょっとした小物の収納に便利な三段引き出し。
わが家では、貴重品やアクセサリー入れに活用しています。
寸法をアレンジすれば、さまざまな用途に応用できそう。
お好みの包装紙や塗料で、自由に飾ってください。
作り方 P16-17

できあがりサイズ
W30cm×H28cm×D24cm

ダンボールの目安
厚さ4mm・W44cm×H29cm×D30cmの箱1個（本体）、
厚さ4mm・W34.7cm×H32cm×D23.2cmの箱2個（引き出し×3＋本体背板）

その他の材料
幅2.5cm×15cmのリボン×3本

仕上げ
マスキングテープ、包装紙、塗料

basic lesson

→ 基本の箱A お道具箱を作ってみよう！

<箱A>…コの字パーツ＋側面（前・後ろ面）2枚で作る方法

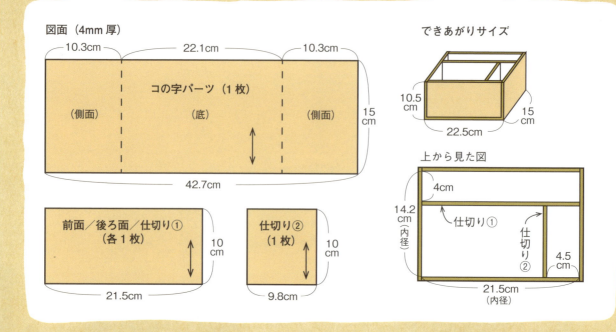

作り方

01 コの字パーツに2本の筋を入れる（P.06「折る」参照）。

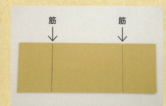

02 筋を2本入れたところ。

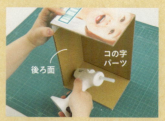

03 コの字パーツをコの字に折り、後ろ面をマスキングテープで仮どめして（P.07「くっつける」参照）、内側からグルーガンで接着する。

04 矢印の順にグルーガンを動かして後ろ面をしっかりと固定する。

05 コの字パーツと後ろ面がくっついたところ。仮どめのマスキングテープははがしておく。

06 前面も後ろ面と同様にグルーガンで接着する。

07 曲がらないように注意して、仕切り①も同様にグルーガンで接着する（接着前に仕切り②が入るかどうか試しに入れてみる）。

08 仕切り②も同様にグルーガンで接着する。空間が広い側からグルーガンを入れるとよい。

09 本体のできあがり。

端処理（マスキングテープ）

01 口のラインがマスキングテープの中心を通るように、外側に1周マスキングテープを貼る。

02 角は三角に切り落とす。

03 まず上の面（ダンボールの縁）を押さえてマスキングテープを貼る。

04 箱を倒して内側の面に残りのマスキングテープを貼る。

05 仕切りのサイドはななめに切り込みを入れる。

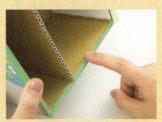

06 同様にダンボール縁→内側の面とマスキングテープを貼る。

07 仕切りも同様にマスキングテープを貼る。

08 外側の縁も、角は三角に切り落として同様にマスキングテープを貼る（はがれにくくするため）。

09 端処理の完成。

basic lesson

→ 基本の箱B ファイルボックスを作ってみよう！

<箱B>…元の箱の折り目を生かして作る方法

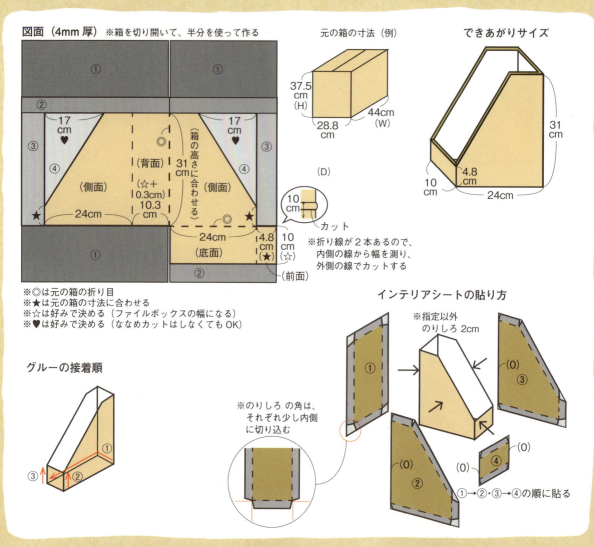

※◎は元の箱の折り目
※★は元の箱の寸法に合わせる
※☆は好みで決める（ファイルボックスの幅になる）
※♥は好みで決める（ななめカットはしなくてもOK）

作り方

01 図面の①はあらかじめカットしておく。図面の②をカットする。

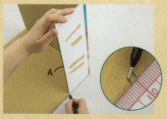

02 01の谷折り線（元の箱の折り目）で折り、Aの辺の位置に印をつける。さらにそこから3mmの位置に印をつける。

03 02でつけたAから3mmの位置に垂線を引き、線上に筋を入れる（P.06「折る」参照）。

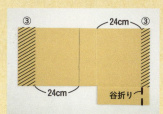

04 図面の③をカットする。

05 04の谷折り線に筋を入れる（P.06「折る」参照）。

06 仮組みをして前面の上縁の両端に印をつける。

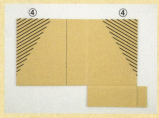

07 図面の④をカットする。

08 グルーガンで接着し、組んでいく。

09 本体のできあがり。

端処理（インテリアシート）

01 インテリアシートを広げ、背面を下にして本体を載せ、のりしろ2cmでカットする。

02 左端だけ4cmほど剥離紙をはがす。

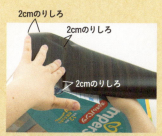

03 剥離紙をはがした側を、のりしろ分を考慮して背面に貼り、利き手でない側の手で押さえながら、利き手で少しずつ剥離紙をはがして貼っていく。

04 背面全体に貼れたら、角をななめにカットする（4か所）。

05 のりしろ部分を貼っていく。
※角に余分が出たら、少し折り込んで貼る。

06 側面も同様にインテリアシートをカットし、背面側（のりしろがない側）を端に合わせて同様に少しずつ剥離紙をはがして貼っていく。前面も同要領で貼り、完成。

basic lesson

→ 基本の箱C 三段引き出しを作ってみよう！

＜箱C＞…5面それぞれを切り出して作る方法

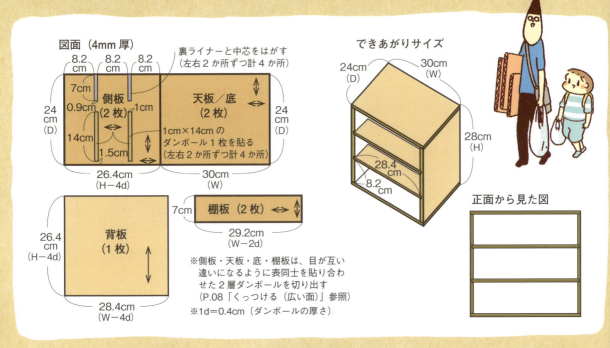

本体の作り方

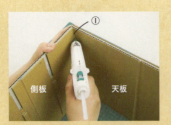

01 カッターマットの方眼を目安にして、側板と天板を直角に合わせてマスキングテープで仮どめし、グルー接着する（P.07「くっつける」参照）。

02 同様にして②～④も順番にグルー接着し、外枠を作る。

03 02の外枠に背板をしっかりとはめ込み、他と同様に内側からグルー接着する。

04 側板の溝4か所に薄くボンドを流し込む。

05 棚板2枚をそれぞれはめ込む。ボンドがあふれたらダンボール片で拭き取っておく。

06 本体の完成。好みに応じて、端処理や装飾（マスキングテープ、インテリアシート、包装紙など）をする。

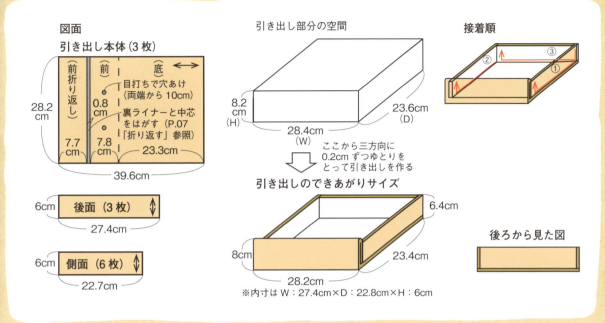

	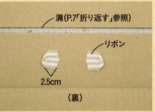	
01 引き出しの前面をデコレーションし（包装紙はのりしろ2cmで角を落とし、マスキングテープで仮どめのみ）、リボンを通しておく。	**02** リボンは裏側に両面テープでとめておく。	**03** 前面の裏側全体と溝にボンドを薄く広げる。

04 P.07「折り返す」を参照して前折り返し面を180度折り返し、さらに90度立てて固定する。	**05** 側面、後ろ面の順にグルー接着する（P.07「くっつける」参照）。	**06** できあがり。 ※包装紙はのりしろのみにのりを塗って貼るときれいに仕上がる。引き出しの縁はマスキングテープで端処理する。

how to make
➔ お道具箱の中身　写真 P09

図面（4mm厚）

のり入れ
コの字パーツ（1枚）／側面（2枚）
- 21.2cm × 8cm
- 8.8cm / 3.6cm / 8.8cm
- 側面: 8.6cm × 3.2cm

クレヨン入れ
コの字パーツ（1枚）／側面（2枚）
- 23.2cm × 4cm
- 9.8cm / 3.6cm / 9.8cm
- 側面: 9.6cm × 3.2cm

はさみ入れ
コの字パーツ（1枚）／側面（2枚）
- 23.7cm × 4.5cm
- 9.8cm / 4.1cm / 9.8cm
- 側面: 9.6cm × 3.7cm

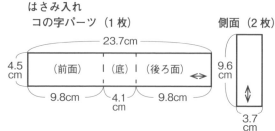

折り紙ケース
コの字パーツ（1枚）
- 13.8cm × 8.4cm
- 2.3cm / 9.2cm / 2.3cm（側面／後ろ面／側面）
- 前面（1枚）: 8.6cm × 7cm
- 底（1枚）: 7.8cm × 2.1cm

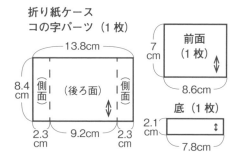

できあがりサイズ

のり入れ: 9cm × 8cm × 4cm
クレヨン入れ: 10cm × 4cm × 4cm
はさみ入れ: 10cm × 4.5cm × 4.5cm

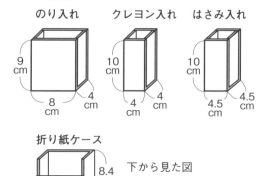

折り紙ケース: 8.4cm × 8.6cm × 2.9cm / 7cm

下から見た図: 0.4cm / 2.5cm（底）

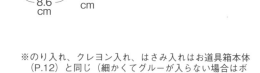

※のり入れ、クレヨン入れ、はさみ入れはお道具箱本体（P.12）と同じ（細かくてグルーが入らない場合はボンド接着）
※折り紙ケースはコの字パーツに底をグルー接着し、最後に前面をボンド接着

工作のコツ

●ダンボールの入手方法●
① おかいもの（箱買い）
② お店で空箱をわけてもらう
③ スーパーのお持ち帰りコーナーを利用する

●工作で気をつけること●
① 小さい子供の目のつく場所でやらない！

② ケガには充分注意...

OK！
・やさしく
・まっすぐ
・何回も
刃はこまめにかえる

NG！
・力づくで
・1回でさりおとする

セカリロでケガをしないようテープで端処理を！

●ダンボールのえらびかた●
① 厚みに注目！
3mmと4mmでは、折ったときの寸法が変わってきます
→作りたい作品と同じ厚みのモノをえらぶ

② お店から持ち帰るときは...
* ぬれてない、きれいなモノ
* 湿気でふやけてない、かたいモノ
をえらぶ

※なれるまでは定規を持参しよう！

●グルー（ホットボンド）について●
① ヤケドにご注意！
子供の前では使わない...

② 木工用ボンドで代用できます
※十字ペン立てなど、
90°角を固定するものの時は
あるとべんり

③ 100均のグルーでOK！
でも本体は、液ダレ防止がついている
ちゃんとしたもののほうがオススメです

ダンボール箱 用語集
※この本にでてくる用語の解説です

・ダンボールの耳
フタや底のピロピロしたあわさる部分のこと

・裏地
印刷されていない、裏側の面のこと
"裏地使い"→裏側がオモテにくるように作る

・中じき
Amazonで通販したときはいっている中じきのダンボール

19

小さくても本格的!
キッズ家具＆おもちゃ
-kids funiture & toy-

→ ミニデスク＆チェア

難易度 ★★☆　時間 ★★☆

キッズ専用デスクで
お絵かきも工作ももっと大好きに！

お絵かきや粘土、工作に使える
「自分だけの机」をあげたくて作りました。
引き出しはお菓子の空き箱でできています。
お気に入りの椅子はおままごとにも活躍。
軽いので、模様替えと称して
自分たちであちこちに移動しています。

作り方 P22-27

できあがりサイズ
W44cm×H66cm×D30cm（デスク）、
W23.2cm×H34.6cm×D32cm（チェア）

ダンボールの目安
厚さ4mm・W44cm×H33cm×D30cmの箱2個（デスク）、
厚さ4mm・W34.7cm×H32cm×D23.2cmの箱1個＋端切れ（チェア）

その他の材料
PPランチョンマット、引き出し用の小箱、リボン

仕上げ
裏地使い＋マスキングテープ＋インテリアシート（デスク）、
インテリアシート（チェア）

how to make
→ ミニデスク 写真 P20-21

図面（4mm厚）※それぞれの箱を一度解体し、切れ目・折り目を入れてから、裏面を表にして再度箱を組み立てる
※元の箱を生かして作るので、箱の寸法が違う場合は適宜調整する

下部パーツ（1枚）…足部分になる

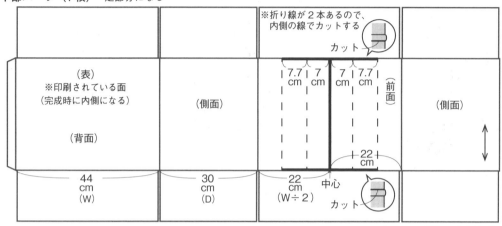

上部パーツ（1枚）…机部分になる

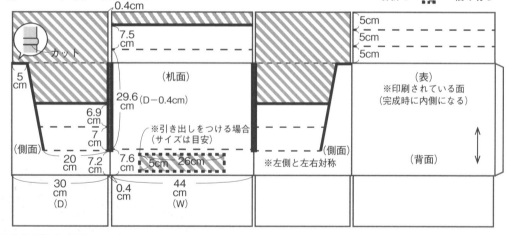

できあがりサイズ

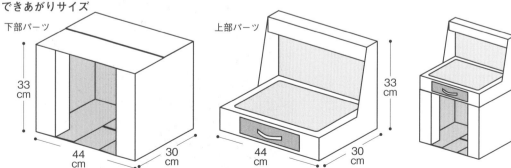

※裏地を使うため、一旦解体する

底は、中央から静かに手を入れ
すきまを広げるようにすると
きれいに はがれる

ダンボールの接着部分を、(のりしろ)
ゆっくりていねいに はがす

カッターのおしりを
使い、
すきまを ゆっくり
広げるように
さしこむと、はがれる

01 下部（机の足になる部分）の加工

02 下部の組み立て

❶先ほど解体した接着部分（のりしろ）で再度貼り合せる
（※裏地が表にくるよう、向きを反対にする）

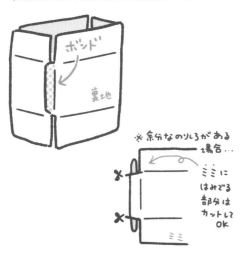

※余分なのりしろがある場合…
ミミにはみでる部分はカットしてOK

❷底部分の貼り合せ

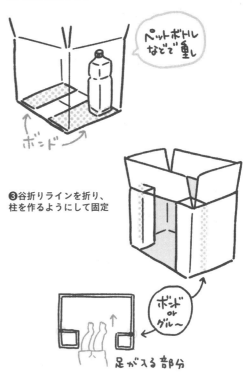

ペットボトルなどで重し

ボンド

❸谷折りラインを折り、柱を作るようにして固定

ボンド or グルー

足がくる部分

❹フタ部分の貼り合せ

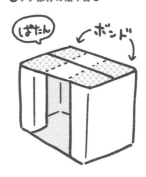

ばたん

ボンド

つづく

how to make → ミニデスク

03 上部(机になる部分)の 切り出し(下部と同じく箱を解体)

❶ 図面通りにカットし、谷折り線を入れる

❷ 裏地を表にしてのりしろ部分を再度貼り合せる

❸ 仮組みして、もし引き出しをつける場合は…

・引き出し部分の隙間に入る空き箱(ふたつき)を用意

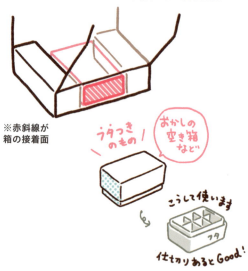

※赤斜線が箱の接着面

・空き箱のふたの接着面を切る

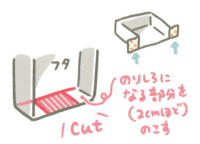

・本体の引き出し入口部分をカット

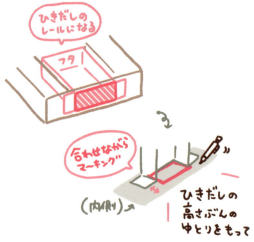

・ダンボールを1枚×2か所ふたのほうに接着(ダンボール1枚の厚み分前に出るように)

引き出しにちょうどよい箱が見つからない場合は、お好みのサイズでダンボールで作ってもOK

・本体の引き出し入口部分の端処理をしておく
※ここまで仮組み

04 本組み立てをしていく

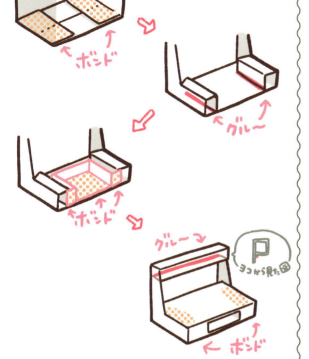

05 もし内側をデコレーションする場合は、机内部を組み立てる前にする

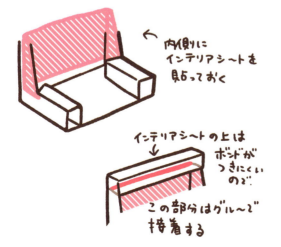

06 端処理(P.13参照)をし、上下をボンドで接着し、完成

ダイソーPPランチョンマット(28.5×44cm)のヨコを切って貼ってみました

how to make

→ チェア 写真 P20-21

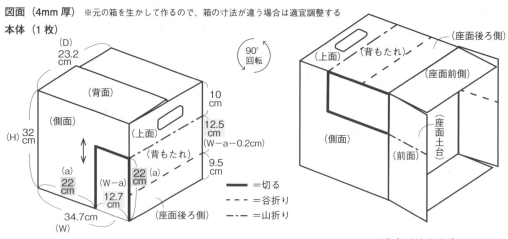

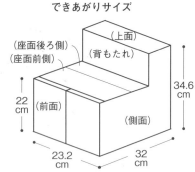

※カットライン・山折り線・谷折り線を書き込んでおく

01 椅子背面になる部分(元の箱のふた部分)をボンド圧着(箱を閉じておく)

02 図面のカットラインをカット
(図面参照)

03 山折り線・谷折り線に筋を入れる
(P.06「折る」参照)

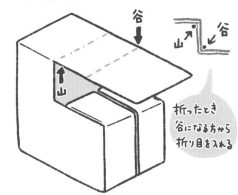

＊やりづらいときは、向きをかえたり机を利用するとGood◎

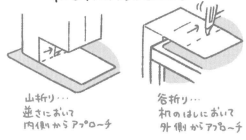

04 02で切った側面部分が内側にくるように元の箱の底部分を折る(座面土台になる)
→03で入れた折り線に沿って折ると椅子の形になる(まだ接着しない)

05 02で切った側面部分をボンド圧着(両側)

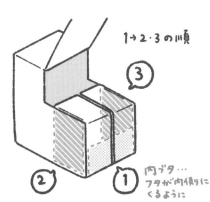

06 支えパーツを折って入れる

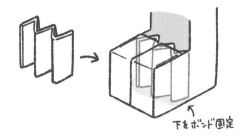

07 背もたれ～座面をかぶせて貼る

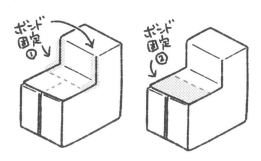

08 インテリアシートを貼り、完成

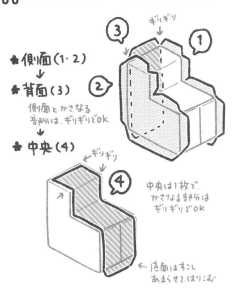

→ おままごとキッチン

難易度 ★★★　時間 ★★★

おむつの空き箱＆空き袋で
蛇口やグリルまでできちゃった！

おままごと遊びの好きなふたごたち。
ダンボールで作れないかな？　と思い、
空き箱を利用して作ってみました。
シンクの下にお鍋やフライパンなどの
おままごとセットが収納できます。
P.20のミニデスクと基本構造は同じです。

作り方 P.30-35

できあがりサイズ
W44cm×H71cm×D30cm
ダンボールの目安
厚さ4mm・W44cm×H33cm×D30cmの箱、
W44cm×H38cm×D29cmの箱各1個
その他の材料
引き出し用の小箱、ひも、カーテン・
引き出し取っ手用のビニール（おむつの袋を使用）
仕上げ
マスキングテープ

kids furniture & toy

how to make
→ おままごとキッチン 写真 P28-29

図面（4mm厚）※それぞれの箱を一度解体し、切れ目・折り目を入れてから、再度箱を組み立てる（表使い／裏使いは好みでOK）
※元の箱を生かして作るので、箱の寸法が違う場合は適宜調整する

下部パーツ（1枚）　　　　━━ =切る　　▨ =不要部分　　---- =谷折り　　▨ =あとで切る

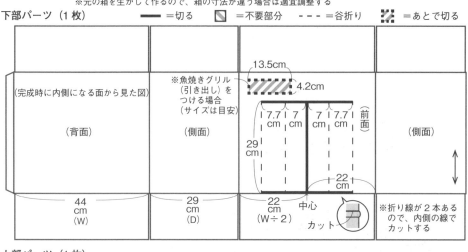

上部パーツ（1枚）

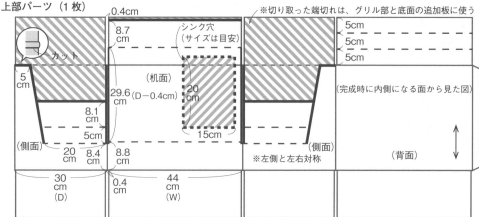

できあがりサイズ　　　　　　　　　　　　　　　　　　　　※細部パーツの図面はP.35

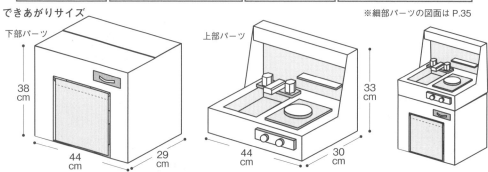

01 本体下部を作る

❶図面を参照してカット

❷デスク(P.23 02)を参照して組み立てる
※デスクと違うところ…グリル部と底面に板を追加

（グリル部）
補強＋グリルを置くために板1枚入れてます
※底面と同じく、上部のハギレのみみ

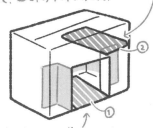

（底面部）底面の段差をなくすために
板1枚入れてます（庭）

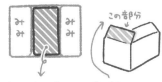

上部の箱の余ったハギレみみ

❸P.17を参照してDグリル(引き出し・引き出し受け)を作る
※図面はP.35
※デスク(P.24 03)のようにふたつきの空き箱で作ると簡単

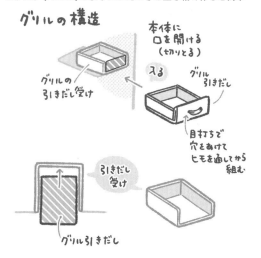

グリルの構造

❹Eシンク下収納(カーテンレール・カーテン)を作る
※図面はP.35

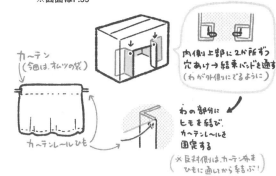

❺本体下部にふたをする

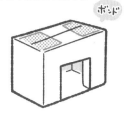

02 本体上部を作る

❶図面を参照してカット

❷P.16を参照してシンク用の箱を作り、仮組みした本体にシンク穴をあけ、シンクを固定する

シンクの入れ方　机面はまだ固定しない！

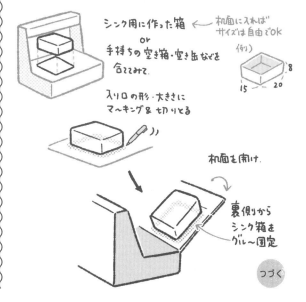

つづく

how to make ➡ おままごとキッチン

❸デスク(P.25 04)を参照して組み立てる
※デスクと違うところ…本体上部に引き出しなし、シンクあり

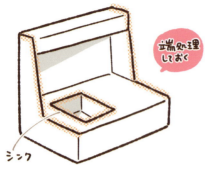

※インテリアシートを貼る場合は、先に上下を合体し、細部パーツを貼りつける前に貼っておく

03 細部パーツを作る（図面はP.35）

❶A水道（ハンドル・蛇口・台座）を作る

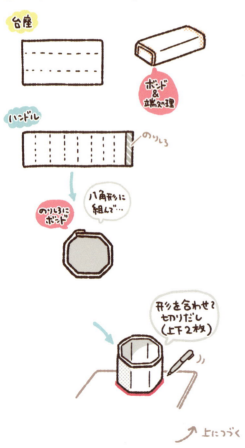

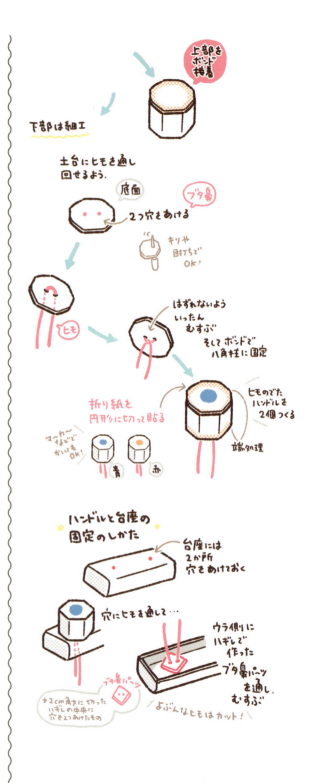

↑上につづく

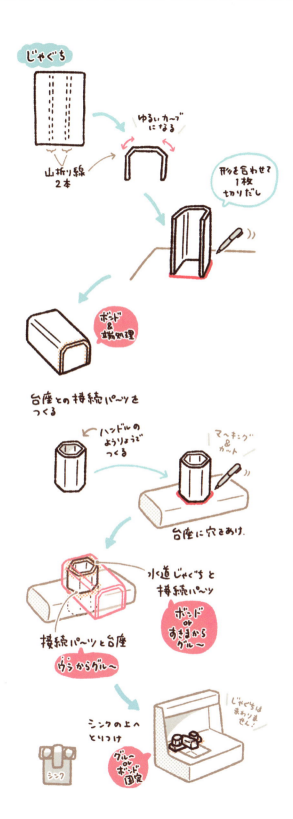

❷Bコンロ本体(台座・ぐるぐるコンロパーツ)を作る

① 1枚板
（白い印刷面のみみ使用）

※無地のダンボ〜ル片が ない場合は、色画用紙でもOK！

② ぐるぐるコンロ

 忍耐…

1) ダンボ〜ルを細切りに切りだし。

目のち向

2) 表か裏のどちらかのライナ〜だけはがす

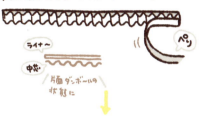

ライナ〜
中芯
片面ダンボールの状態に

3) これを、ぐるぐるまいていく

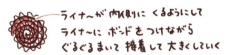

ライナ〜が内側にくるようにして ライナ〜にボンドをつけながら ぐるぐるまいて接着して大きくしていく

4) 好みの大きさの円盤になったら 台座にボンドで貼りつける

ボンド
台座もボンドで 本体に貼りつけ

つづく

33

how to make → おままごとキッチン

③Bコンロつまみ部(つまみ台座・つまみ2個)を作る

① 台座

※水道台座とおなじやりかた

② つまみ(2個)

1) 3枚 ×2個

円形のダンボールを
つまみ1個につき
3枚切りだし

1番下の円盤のみブタ鼻にして
ヒモを通し、むすんでおく

(じゃぐちのハンドルと同様)

3枚をボンドで接着

2) 1)でつくったヒモつき円盤に
コンロ本体②とおなじようにつくった
片面ダンボールを貼りつける

ボンド ぐるり一周

水道ハンドルと同様に、ウラもブタ鼻をつくり台座にとめ、
完成した台座を本体に貼りつける

④C飾り棚を作る(省略可)

グル〜で本体に固定
おりまげて接着した棚板
調味料置き場

おまけなのでつけなくてもOK!

04 本体上下を接着(できあがり図参照)

OPTION
塩こしょうボトルを作る

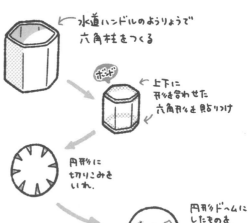

水道ハンドルのようりょうで六角柱をつくる

ボンド
上下に形を合わせた六角形を貼りつけ

円形に切りこみをいれ

円形ドームにしたものを、
グル〜 と マステ
見た目をきれいにするため

グル〜固定

テプラでつくったシールを貼りました

PEPPER

※塩こしょうボトルも
みみの白い印刷面を使用

34

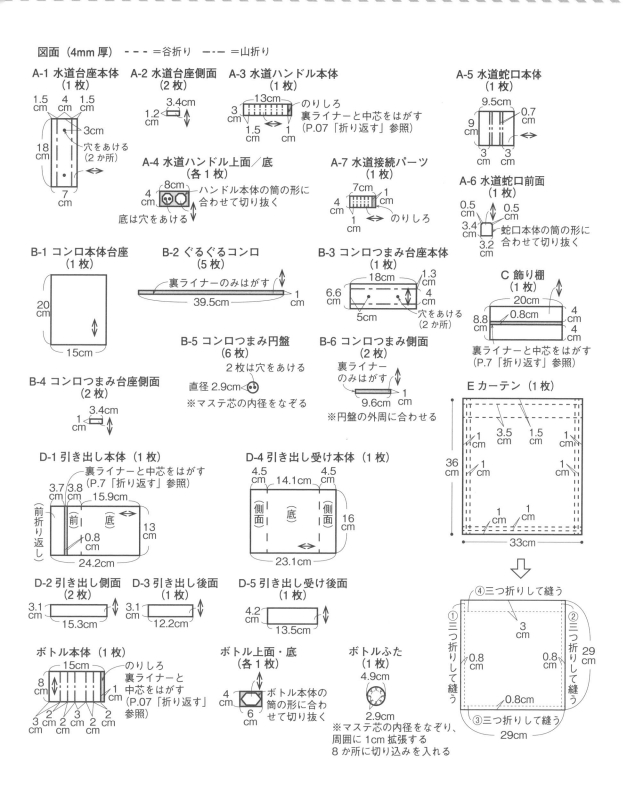

➜ 冷蔵庫 & レンジ & トースター

難易度 ★★★　時間 ★★★

レンジでチンしたり、冷蔵庫にものを入れたり、
楽しそうに遊んでいます。
扉の開閉部とレンジ操作部に磁石を仕込んだり
つまみが回るようにしたりしました。
なぜか一時期、レールや電車を
冷蔵庫にしまっている時期がありました…。

作り方 P.38-43

できあがりサイズ
W29.3cm×H44.2cm×D18.4cm(冷蔵庫)、
W29.3cm×H16.4cm×D18.4cm(レンジ)、
W22cm×H12cm×D6cm(トースター)

ダンボールの目安
厚さ4mm・W46.5cm×H28.3cm×D29.3cmの箱各1個(冷蔵庫／レンジ)、
厚さ3mm・W38.2cm×H31.2cm×D19.2cmの箱1個(冷蔵庫の引き出し)

その他の材料
直径5mm・16mmの強力マグネット、500mlペットボトル、結束バンド、クリアファイル

仕上げ
インテリアシート、ウォールステッカー

how to make
→ 冷蔵庫　写真 P36-37

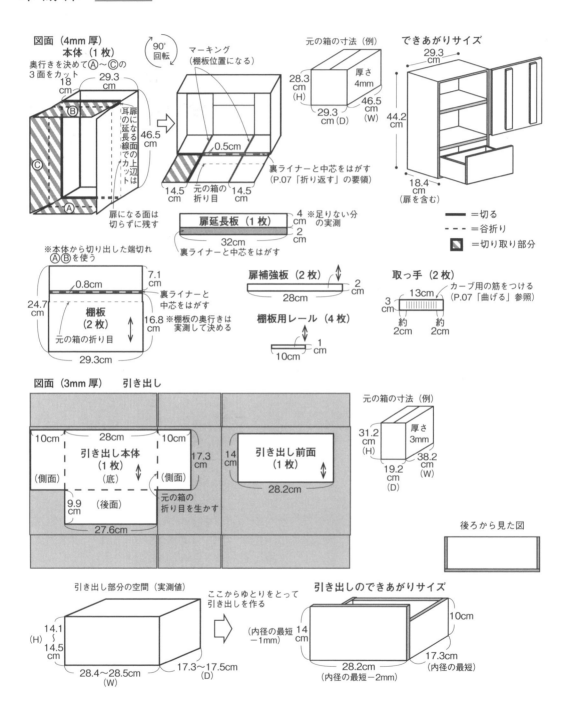

01 本体を作る

❶ 奥行きを決め、箱のまま3面をカット

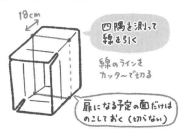

❷ 耳を延長したラインをマーキング

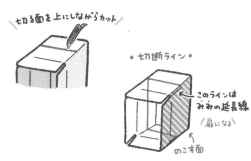

❸ 野菜庫部分を切り取って扉を作る

❹ 扉の延長と補強

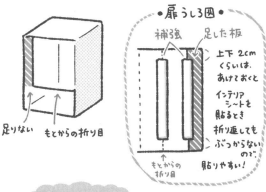

ダンボール小技「板継ぎ」

扉を閉じてみて、足りない長さを測り… (4cm)

先程、切除したハギレを使いダンボールを延長

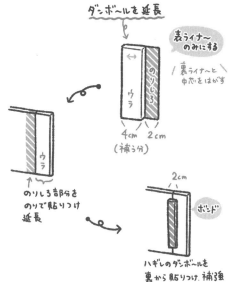

つづく

how to make → 冷蔵庫

❺棚板を作り、固定

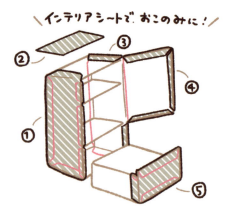

インテリアシートで おこのみに！

①.③ 側面 ┐
② 天板 ┘ ブル〜木目（45×90cm 1枚）

④ 扉 … 白とブル〜のボーダー柄（36×32cmくらい）

⑤ 野菜庫扉 … カラフル木目（18×25cmくらい）

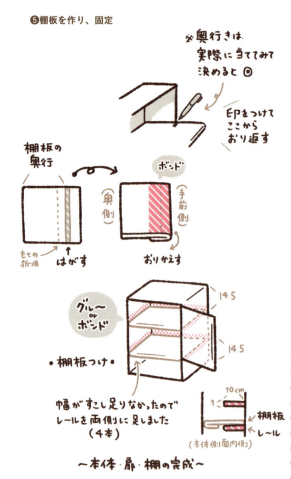

〜本体・扉・棚の完成〜

02 野菜庫(引き出し)を作る

03 装飾 & 端処理 (P.13参照)

白っぽいインテリアシートの場合、もともとの
ダンボールの柄が透けてしまうので、模造紙や
障子紙などを両面テープで貼り付けておくと、
きれいに模様が出る（下地貼り）

04 取っ手をつける

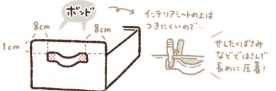

OPTION
本体と扉にマグネットをつける

40

how to make
→ レンジ＆トースター　写真 P36-37

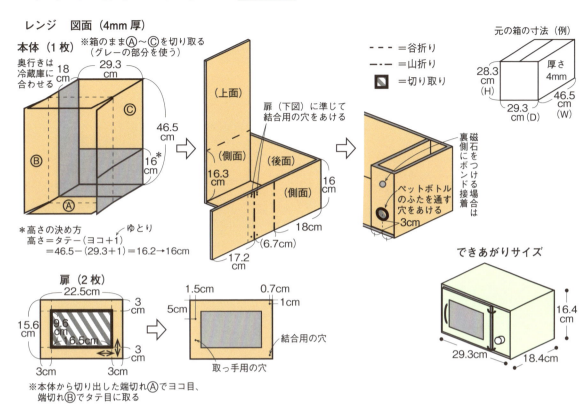

01 本体を作る

❶奥行きと高さを決め、箱のままカットし(図面参照)、箱の内側3か所に谷折りの筋を入れる(P.06「折る」参照)

❷ツマミ部分を作る

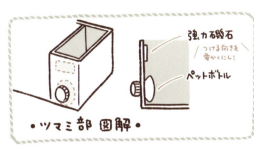

・ツマミ部 図解・

＊タイマーをつけたい場合…組み立て前にあらかじめ磁石を木工用ボンドで接着しておく

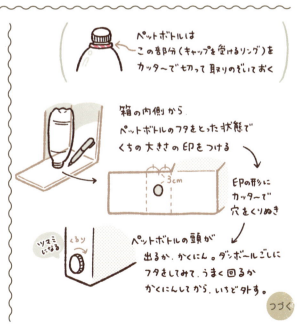

つづく

41

how to make → レンジ&トースター

❸扉を作る

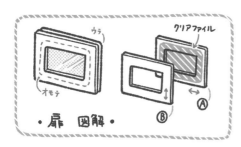

下準備・窓内側の端処理（2枚とも）と
Ⓑに貼るインテリアシートの準備をしておく

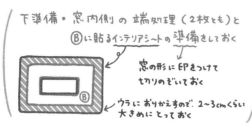

窓の形に印をつけて
セクリでぬいておく

ウラにおりかえすので、2〜3cmくらい
大きめにとっておく

ⒶとⒷの間にクリアファイルをはさみ
ボンドで接着

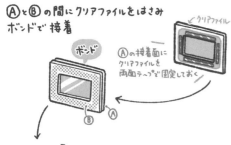

Ⓐの接着面に
クリアファイルを
両面テープで固定しておく

はりあわせた扉に
インテリアシートを貼る

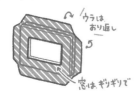

ウラは
おり返し

窓はギリギリで

❹本体を組み立てる

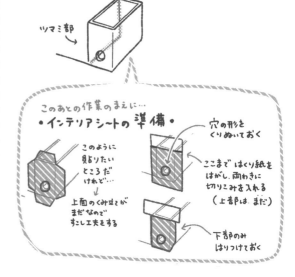

❺本体と扉を結束する

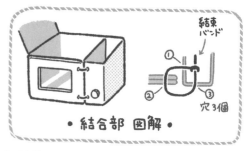

※結束バンドは、ギザギザした所が内側にくるよう、
そしてむすび目が内側にかくれるよう①→②→③と通す

扉と本体を仮合わせして、穴をあける場所をかくにん
キリで3ヶ所ずつ穴あけし、結束バンドを通して固定する

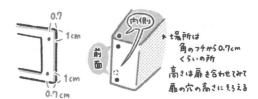

※場所は
角のフチから0.7cm
くらいの所
高さは扉を合わせてみて
扉の穴の高さにそろえる

❻ ツマミをつける

❼ 上面を接着する

02 装飾(インテリアシート)

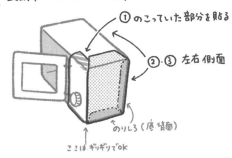

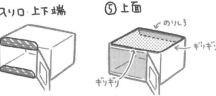

03 取っ手をつける

OPTION
本体と扉にマグネットをつける(P.40冷蔵庫参照)

トースター 図面（4mm厚）※レンジの端切れⓒで作る

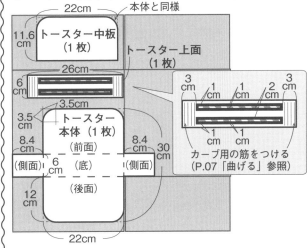

01 本体を組み立てる

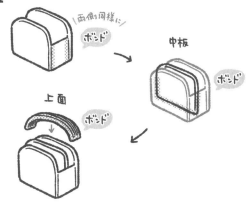

02 装飾(インテリアシート)

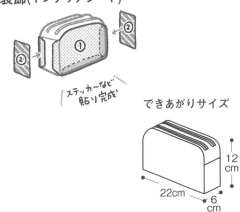

43

→ おままごとレジ

難易度 ★★★　時間 ★★☆

数字がクルクル回る窓つき！
ボタンは押し心地がクセになる

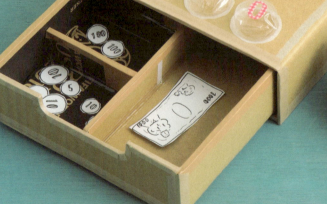

お金やお買い物に興味が出始めたふたごに
ぴったりと思い作ったレジのおもちゃ。
「買うときはピッするんだよ！」と
うれしそうに教えてくれます。
数字ボタンは特大プチプチを利用して
押す感触を楽しめるようにしました。
作り方 P.46-47,79

できあがりサイズ
W16.8cm×H9cm×D20cm（本体）、
W5.7cm×H4.5cm×D11.8cm（バーコードリーダー）

ダンボールの目安
厚さ4mm・W34.7cm×H32cm×D23.2cmの箱2個

その他の材料
直径約3cmの特大プチプチ、
画用紙またはトイレットペーパーの芯、
ラップの芯、ひも、数字シール

仕上げ
裏面使い＋マスキングテープ

how to make
→ おままごとレジ 写真 P44-45 図面 P79

※P.79の図面を参照してパーツを切り出す

01 本体下部(A・B)の組み立て

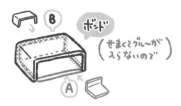

02 引き出しの組み立てと端処理(P.13参照)

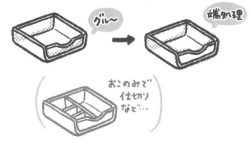

03 本体上部の組み立て

❶Dの切り出し(左右2枚)

❷D(片面だけ)とCの接着

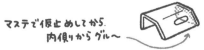

❸ ラップ芯を②の内径に合わせてカット
(数字表示部用の中芯となる)

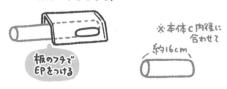

❹トイレットペーパー芯or画用紙でラップ芯の外側に数字表示部を作る

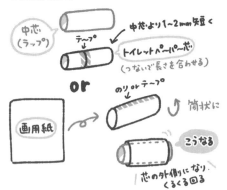

❺④を②に入れた状態で数字を書く(orスタンプ)

❻ラップ芯と②を接着

※窓の位置をかくにんしつつ
※端からは 2mmほどあけておく(回りやすいよう)

❼⑥に数字表示部をセットし、もう一方のDを接着し、本体上部完成

04 本体上部・下部を接着

05 本体の端処理(P.13参照)

06 数字ボタンを作り、本体に並べて、プラスチック用ボンドで接着

07 バーコードリーダーを作る

❶Hと I (穴なしの方)を接着

❷①と I (穴ありの方)、ラップ芯の持ち手を接着

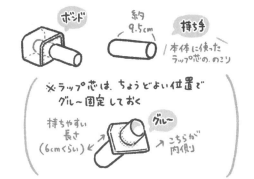

❸ I のくり抜いた丸にひもを通し、固定

❹読み取り部に画用紙を貼る

❺端処理(P.13参照)

08 本体にバーコードリーダーのひもを固定

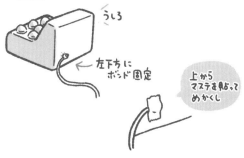

47

→ 人形用ベッド

難易度 ★★★　時間 ★★★

もともとはキッチンの魚焼きグリルの
失敗作から生まれたお人形ベッド。
今では大好きなぬいぐるみにお布団をかけ、
「ねんねしようね〜」と、
小さなママになっています。
ぜひ手持ちの人形サイズで作ってみて。

作り方 P.50

できあがりサイズ
W13.8cm×H6.5cm×D24.5cm
ダンボールの目安
厚さ4mm・W38cm×H21cm程度の端切れ
その他の材料
ふとん用の布と綿
仕上げ
裏面使い＋マスキングテープ

ふたりがトイレトレーニングを始める頃、
トイレに興味を持ってもらいたいと思い、
作ったおもちゃのトイレです。
ぬいぐるみで実演をしてみたりしました。
トイトレ終了間近の今は、
小物入れとして活用されています。

作り方 P.51

できあがりサイズ
W12cm×H5.5cm×D14cm
ダンボールの目安
厚さ4mm・W42cm×H20cm程度の端切れ
その他の材料
なし
仕上げ
マスキングテープ

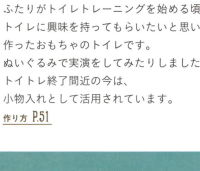

→ **人形用トイレ**

難易度 ★★★　時間 ★★★

いっしょに
トイレ
トレーニングしよ♪

kids funiture & toy

how to make
→ 人形用ベッド 写真 P48

図面（4mm厚）

A（1枚）
35.7 cm
13 cm
0.8
裏から裏ライナーと中芯をはがす（P.7「折り返す」参照）
6.5 cm
4.4 cm
24 cm

B-1（1枚）
38.1 cm
4 cm
24.8 cm
13.3 cm

B-2（1枚）
4 cm
24.8 cm

- - - = 谷折り
- · - · = 山折り

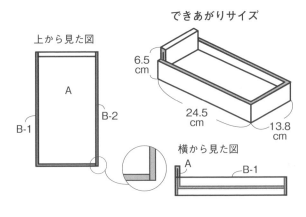

上から見た図
A
B-1
B-2

できあがりサイズ
6.5 cm
24.5 cm
13.8 cm

横から見た図
A
B-1

01 Aパーツを折る
❶ ベッドボードを折り返して貼りつけ
❷ 角を垂直に固定するようグルーで形を固定（垂直に保ちながら角をグルーで埋める）

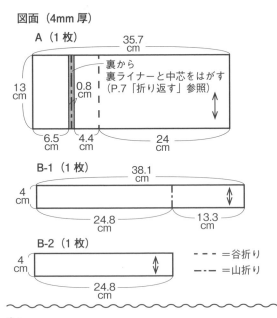

02 AとB-1の接着
❶ マスキングテープで仮どめ
❷ グルー or ボンドで接着

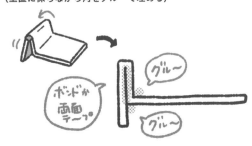

03 A・B-1とB-2の接着

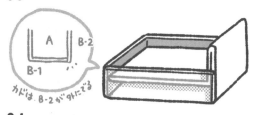

カドは、B-2が外にでる

04 端処理（P.13参照）※省略可

おまけ＜人形用ふとん＞

42 cm
18 cm
布（1枚）

（表）
返し口 10cm
（裏）
1cm
わ
21 cm
18 cm

❶ 布を切る
❷ 中表に二つ折りし、返し口を残して縫う（縫い代1cm）
❸ 返し口から表に返す
❹ 綿を入れる
❺ 返し口をとじる

できあがりサイズ
20 cm
16 cm

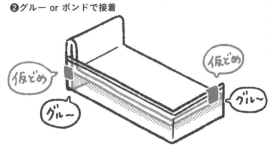
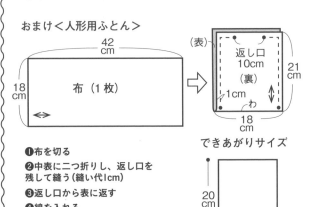

how to make

→ 人形用トイレ 写真 P49

図面（4mm厚）

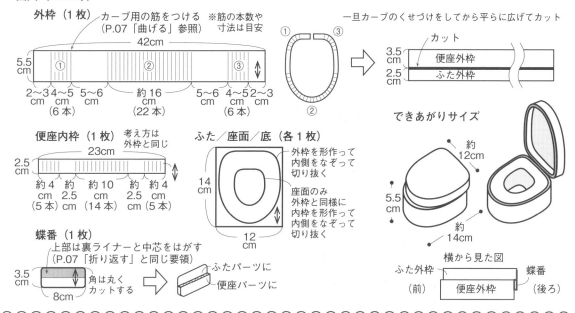

01 便座パーツを作る

❶外枠を形作り、ダンボール片に当てながら底・座面・ふたを切り出す（同じ形で3枚）

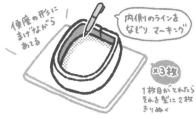

❷座面中央に内枠を当て、切り出す

❸便座外枠・座面・内枠を内側からグルー接着

02 ふたパーツを作る

❶ふた外枠とふたを内側からグルー接着

❷便座パーツとふたパーツをつなげるための蝶番を作り、それぞれに接着（のり・ボンドなど）

03 端処理(P.13参照)

→ ダンボールハウス

難易度 ★★★　時間 ★★★

1か所切り、角を固定するだけの
簡単設計なダンボールハウス。
子供の隠れ家としてずいぶん活躍しました。
壊れてもまたすぐに作れるのがよいです。
横につなげて長屋にしたり、窓や煙突、
お絵かきなどいろいろ楽しめます。

作り方 P.54

できあがりサイズ
約W80cm×H80cm×D60cm
ダンボールの目安
厚さ4mm・W51.6cm×H38.4cm×D39cmの箱1個
その他の材料
なし
仕上げ
裏面使い

市販の踏み台では少し高さが足りず、
ふたりの足の長さに合わせて作りました。
歪みによるガタつき解消に、
底面にフェルトを貼り付けています。
この踏み台をきっかけにトイレに
座ってくれるようになりました。

作り方 P.55-56

できあがりサイズ
W42.6cm×H23.4cm×D29.3cm

ダンボールの目安
厚さ4mm・W44cm×H29.5cm×D30cmの箱3個

その他の材料
フェルト

仕上げ
水貼りテープ＋水性カラースプレー

こっちにも
まどがあるよ♪

kids furniture & toy

→ トイレ用踏み台

難易度 ★★★　　時間 ★★★

53

how to make
→ ダンボールハウス 写真 P52

※図面なし(元の箱を生かして作る)

01 箱を分解する

底を抜き、もともと接着してあった部分から分解する
はさみやカッターを使うときれいにできる

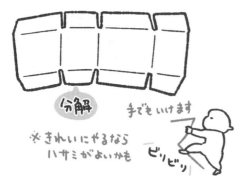

02 屋根になる角を作る

真ん中部分を折り、だいたい角度90度くらいになるように重ねて、テープ類(ガムテープ、梱包テープなど)でとめる
前と後ろのどちらか片方だけでもOK(両方とめるとしっかりした作りになる)

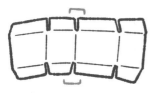

03 壁部分を固定する

ダンボールを立たせてみて、まっすぐ立つようにバランスを見ながら両側の角をテープでとめる
中と外の両側からとめると強度が上がる

04 好みでデコレーションをして完成

02で片側のみをとめた場合は、フロント側の屋根部分は内側に折ってとめておくと、両サイドが扉のように開閉できる

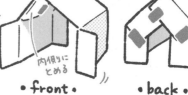

how to make
→ トイレ用踏み台　写真 P53

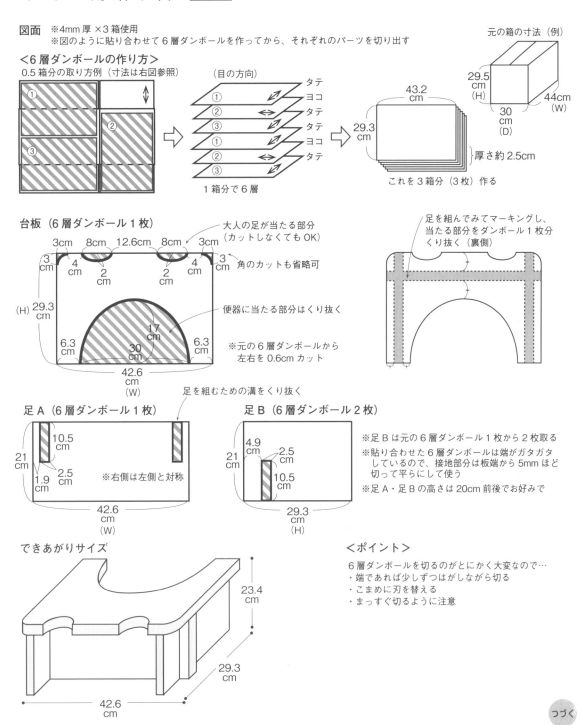

55

how to make → トイレ用踏み台

※6層ダンボールを作る（図面参照）

01 パーツ（台板・足A・B）の切り出し（図面参照）

02 足を組んで台板の裏にマーキングし、くり抜いて圧着する

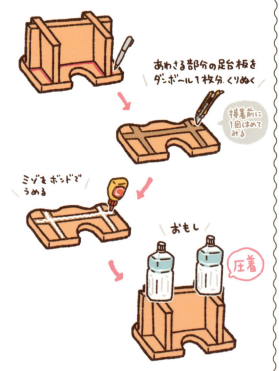

03 補強と端処理（P.13, P.75参照）

※貼り方はP.75参照

04 撥水加工（スプレー塗装など）

★ スプレーのコツ
- 1回でぬろうとしない
- 重ねぬりは乾いてから
- 一定のキョリを保ちつつ

という かんじに ぬっていく

★ スプレーのイイかわりに…
- ホルベインのイージーペイント（¥1000〜でたくさんぬれる）
- インテリアシートや包装紙 & 上からOPPテープなどでぐるぐる巻き

→ サイコロカレンダー

難易度 ★★★　　時間 ★★★

保育園で月日の勉強が始まり、
園の入り口にあったサイコロカレンダーに
興味がでてきたふたりのために作りました。
きょうは、●月、●日、と言って
毎朝日付を変えるのですが、そのたびに
ケタケタと笑い声をたてるふたりです。

作り方 P.58-59

できあがりサイズ
W26.6cm×H11cm×D7cm
ダンボールの目安
厚さ3mm・W60cm×H30cm程度の端切れ
その他の材料
ひも
仕上げ
裏面使い、スプレー塗料、
ステンシルシート＆アクリル絵の具

kids funiture & toy

how to make
→ サイコロカレンダー 写真 P57

図面（3mm厚）

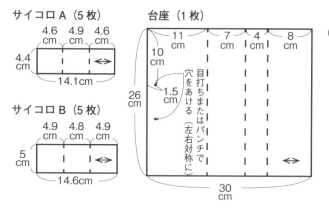

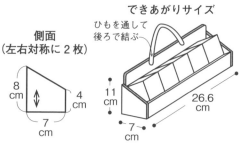

できあがりサイズ
ひもを通して後ろで結ぶ

サイコロA（5枚）
4.6cm / 4.9cm / 4.6cm
4.4cm
14.1cm

サイコロB（5枚）
4.9cm / 4.8cm / 4.9cm
5cm
14.6cm

台座（1枚）
11 / 7 / 4 / 8 cm
10cm
1.5cm
目打ちまたはパンチで穴をあける（左右対称に）
26cm
30cm

側面（左右対称に2枚）
8cm / 4cm
7cm

11cm / 26.6cm / 7cm

01 サイコロを作る

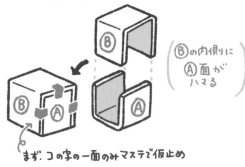

Bの内側にA面がハマる

まず、コの字の一面のみマステで仮止め

❶①面の内側からコの字にグルー接着
❷②面の内側からグルー接着
（※奥までは入りにくいので、入る部分のみ1cmくらいでもOK）
❸③面にコの字にボンドをつけ、ふたを閉めるようにはめて接着

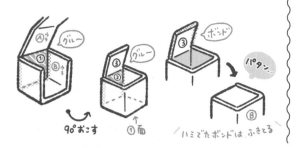

90°おこす ①面 ハミでたボンドはふきとる

02 台座を作る

❶図のように折って組み立て、折った板端をグルー接着

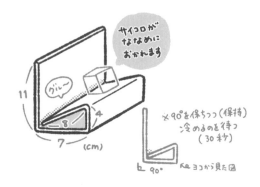

サイコロがななめにおかれます

※90°を保ちつつ（保持）
冷めるのを待つ（30秒）
ヨコから見た図

❷側面をつけ内側からグルー接着
（両側ともつける）

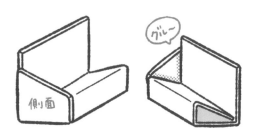

側面

03 サイコロと台座の端処理 (P.13参照)

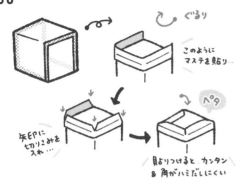

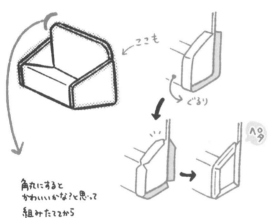

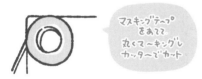

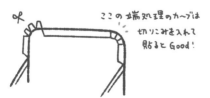

04 塗装

❶ サイコロ全体を白でスプレー塗装

❷ 文字・数字を入れる

このような6面↓

monthブロック		dayブロック		曜日
0	1	0	0	げつ
1	5	1	1	か
2	6	2	2	すい
3	7	3	6	もく
4	8	4	7	きん
(空白)		5	8	ど/にち

59

家が片づく！
子供のための収納
-kids Storage-

➜ 2段式絵本棚

難易度 ★★★　　時間 ★★★

空き箱をそのまま利用して作る絵本棚。
はじめは上段だけでしたが、
絵本が増えて下段も追加しました。
上段には37冊、下段には45冊ほど入ります。
上段は表紙が見えるので絵本が選びやすく、
好みの本を取っては読んでとせがまれます。

作り方 P.62-65

できあがりサイズ
W44cm×H51.5cm×D30cm
ダンボールの目安
厚さ4mm・W44cm×H29.5cm×D30cmの箱3個
その他の材料
なし
仕上げ
水貼りテープ、インテリアシート

→おむつストッカー

難易度 ★★★　時間 ★★★

園用に名前をスタンプしたおむつは袋に戻すのが難しい！ 収納に困り、ダンボールでストッカーを作りました。すぐに手に取れるようになり大満足。おむつの定位置として定着しました。上からも下からも取り出せます。

作り方 P.66-67

できあがりサイズ
W15cm×H44.2cm×D22cm

ダンボールの目安
厚さ4mm・W44cm×H29cm×D30cmの箱を半分

その他の材料
なし

仕上げ
裏地使い＋包装紙＋マスキングテープ＋転写シート

らくらく取り出せる！

kids Storage

how to make
→ 2段式絵本棚　写真 P60

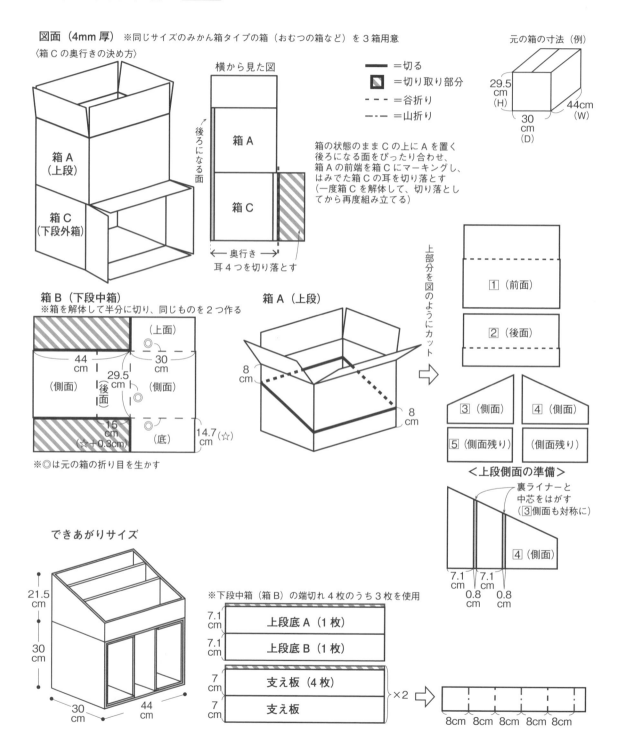

01 下段を作る

❶ 奥行きを決め、箱Cをカット（図面参照）

❷ 箱Bをカットし、おむつストッカー（P.66）の要領で中箱を2個作る

① 図の斜線部（長辺の上下みみ）を切りおとし
② 底になる面を90°たて、合わさる点にマーク

③ マークより3mmあけ、垂直に山折り
④ 組みたて（グルー）

片側の端がすこし短くなるけれど、このままでOK！

❸ 箱Cに②の中箱2箱を接着

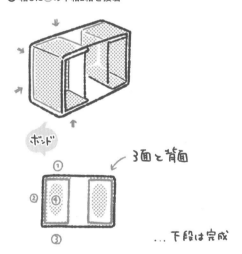

...下段は完成

※上段だけ、下段だけでもそれぞれ使用可

02 上段を作る

❶ 図面を参照し、箱Aをカット

❷ ①でカットした⑤側面残りパーツで底を埋める

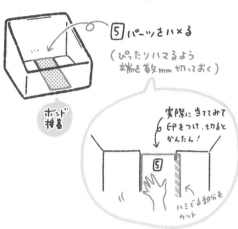

⑤パーツをハメる
（ぴったりハマるよう端を数mm切っておく）

実際に当ててみて印をつけ、切るとかんたん！
ハミでる部分をカット

❸ ①②パーツで中仕切りを作成

ダンボール裏地がオモテにくるようにそれぞれ折り返し、貼りつけ

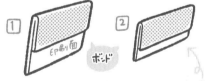

とくに短いほう（後面の板）がひらきやすいので、しっかり重みをかけたり洗たくバサミではさんだりして圧着するまで固定する

つづく

how to make → 2段式絵本棚

❹③④パーツに溝を作り、箱Aの側面内側に貼りつける

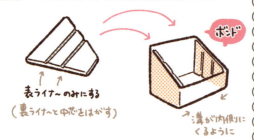

❺④の溝に③の中仕切りをはめてみる

短い方が前
長い方が後ろの
仕切りになる

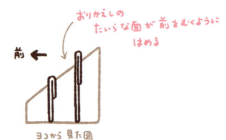

さらに みばえ をよくする小技…！
〜 仕切り高さをサイドにそろえる 〜

仕切り板が すこしとび出しているので
はみ出している長さを測り、そのぶん 板を短くする

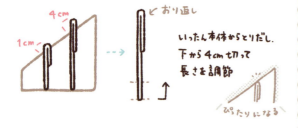

❻段になる部分の底を作る

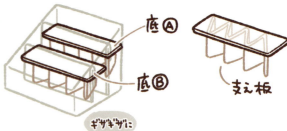

支え板は、いれてみて うまく入らなければ
切って短くする

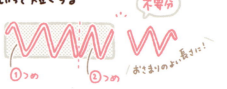

牛乳パックの容器が 4つあれば
底板の代用ができて、かんたんです！

うまく入ることを かくにんしたら、
いちど 取りだし、順番に ボンドで固定

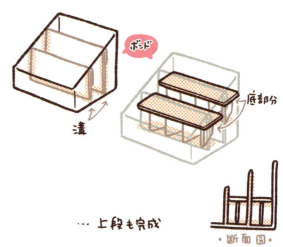

… 上段も完成

64

ワンポイント

板のスキマが気になるときはマスキングテープや水貼りテープで端や角を処理するときれいです

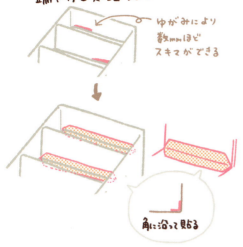

03 上下段を合体

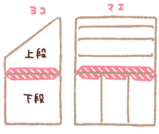

上と下のつなぎ目を目立たなくするために水貼りテープを貼りました

04 装飾
※インテリアシートの貼り方

45×90cmを2枚

❶ 側面・左右

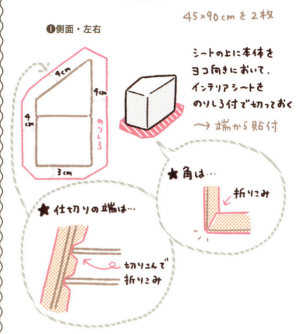

❷ 上・下面

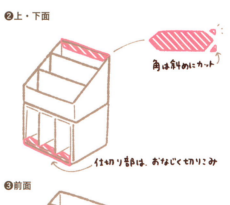

❸ 前面

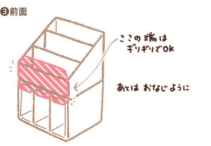

how to make
→ おむつストッカー 写真P61

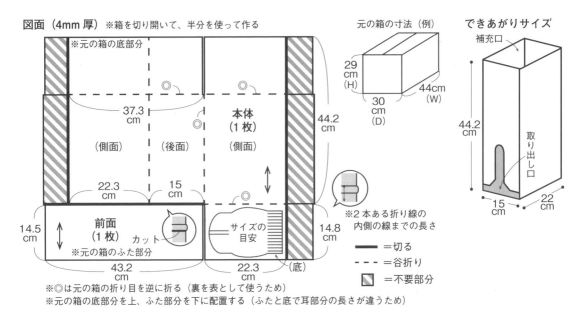

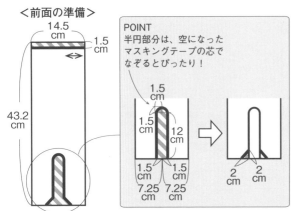

01 前面をカット

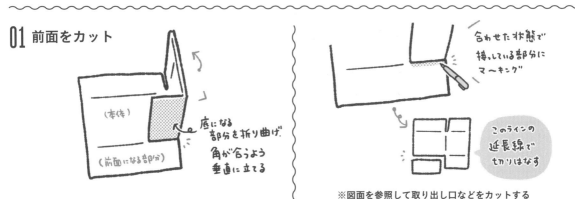

※図面を参照して取り出し口などをカットする

02 側面と後面の間の折り目(筋)を入れる

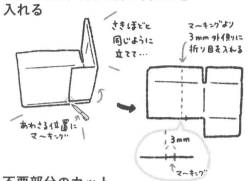

03 不要部分のカット

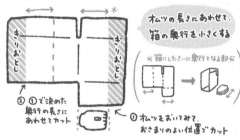

04 本体組立

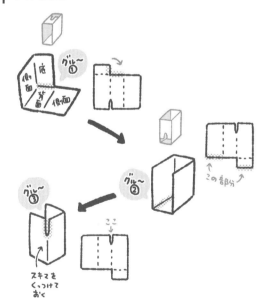

05 前面と本体の組み立て

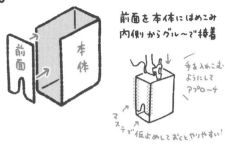

06 端処理(P.13参照)・デコレーション

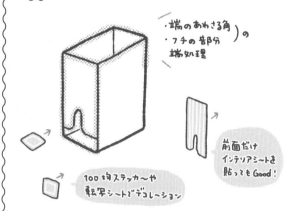

＊包装紙を使う場合は…

前面をくみたてる前に、のりしろをつけて包装紙をカットしあらかじめ貼りつけておく

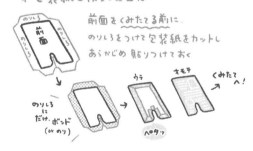

→ リモコンラック

難易度 ★★★　時間 ★★★

テーブル上で大活躍のリモコンラック。
わが家はリモコンが6つあるので、
一か所に集約して便利になりました。
ティッシュは簡単に入れ替えて使えます。
ティッシュ上のトレイには軟膏や薬を置き、
忙しい朝に活用しています。

作り方 P.70

できあがりサイズ
W25.8cm×H18.4cm×D15.5cm
ダンボールの目安
厚さ4mm・W57cm×H56cm程度の端切れ
その他の材料
なし
仕上げ
裏面使い＋マスキングテープ、油性ペン、
ウォールステッカー

傾斜をつけて小さな子でも手に取りやすく
しまいやすい作りにしたクレヨンのおうち。
クレヨンのサイズに合わせて作り、
お絵かきのおともに大活躍しています
わが家ではいくつか作ってハンコケースや
小物入れとしても便利に使っています。

作り方 P.71

できあがりサイズ
W7.2cm×H10cm×D10cm(大)、
W6.8cm×H7.6cm×D7.6cm(小)
ダンボールの目安
厚さ4mm・W37cm×H21cm程度の端切れ
その他の材料
なし
仕上げ
裏面使い＋マスキングテープ、油性ペン

→ **クレヨンハウス**

難易度 ★★★　　時間 ★★★

how to make

→ リモコンラック　写真 P68

図面（4mm厚）

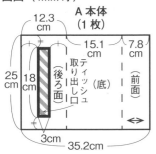
A 本体（1枚）

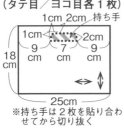
C 中仕切り（タテ目／ヨコ目各1枚）
※持ち手は2枚を貼り合わせてから切り抜く

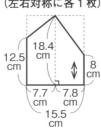
D 側面（左右対称に各1枚）

できあがりサイズ
好みで窓を描く

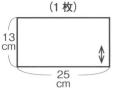
B 前仕切り（1枚）

E 追加仕切り大（好みで2枚程度）

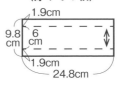
F 追加仕切り小（好みで2枚程度）

G ティッシュ上ふた（好みで1枚）

H 上ふた側面・仕切り（好みで合わせて3枚）

- - - ＝谷折り
▨ ＝切り抜き部分

01 本体の組み立て

❶Aの組み立て

谷折り
グルーで90°に固定

❷AとDの合体（両側）

グル〜

❸ ②にBを接着

こっち側からグル〜

02 中仕切りをつける

❶C2枚を貼り合せる

おもし
ボンド接着
反ってしまうので全体に重しを！

❷①の持ち手を切り出す

厚いのでゆっくりまっすぐあせらず…

❸②を本体に接着

グル〜
ボンドも使いダブル補強！

03 端処理(P.13参照)

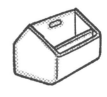

04 好みで追加仕切りやふたを作り、つける

F　E
ボンド

ティッシュ上のフタ
H　G
グル〜
H

how to make
→ クレヨンハウス 写真 P69

大（普通のクレヨン用）

図面（4mm 厚）

A 本体（1枚）

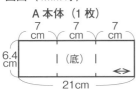

できあがりサイズ

小（ブロッククレヨン用）

図面（4mm 厚）

A 本体（1枚）

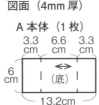

できあがりサイズ

- - - ＝谷折り

B 側面（2枚） C 仕切りヨコ（1枚） D 仕切りタテ（1枚）

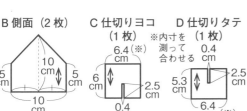

※内寸を測って合わせる

B 側面（左右対称に各1枚） C 仕切りヨコ（1枚） D 仕切りタテ（1枚）

※内寸を測って合わせる

01 本体を作る

❶ A・Bを切り出し、Aは谷折りの筋をつけておく（P.06「折る」参照）

❷ Aをコの字に折ってBに接着

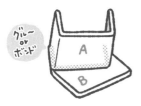

同様に、反対側も接着（ボンド）

02 仕切りを作る

❶ 内寸のタテ・ヨコを確認し、C・Dを切り出す

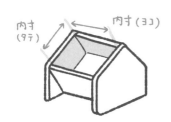

❷ C・Dを組み立てる

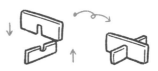

本体へボンドで接着

03 端処理（P.13参照）

71

→ お支度ラック

難易度 ★★★　時間 ★★★

このラックを作ってから、自分でお片づけやお仕度をしてくれるようになりました。
ふたりが自分で選んだ布地を貼ったので、より愛着がわいたようです。
フックに帽子、棚にリュック、引き出しに体操服を入れています。

作り方 P.74-78

できあがりサイズ
W32.8cm×H90cm×D28cm（1個分）
ダンボールの目安
厚さ8mm・W46cm×H29cm×D33cmの箱2個、
厚さ3mmの中敷きW33cm×H25cmを8枚、
厚さ4mm・W44cm×H33cm×D30cmの箱2個（1個分）
その他の材料
フック
仕上げ
布

帰ったら何をするの？
棚に帽子とリュックを置く！

how to make
→ お支度ラック 写真 P72-73

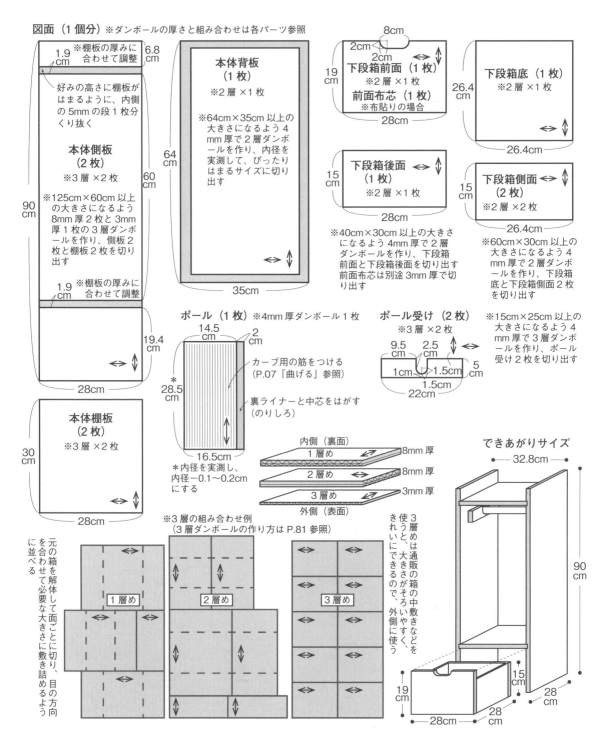

01 本体を作る

❶本体側板の溝切りをする(図面、P.07「折り返す」参照)

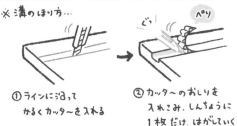

❷外枠を組み立てる

❸背板を切り出してはめ込む

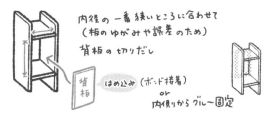

❹補強と端処理

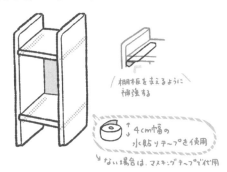

❺装飾(布貼りの場合はP.76へ)

インテリアシートのほうがカンタンでオススメです…

今回は耐久性を考え布貼りにしました

02 下段箱(引き出し)を作る

❶外枠(前面・側面・後面)を組み立てる(P.16参照)

❷底をはめ込み、内側からグルー接着(P.16参照)

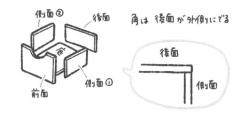

❸端処理

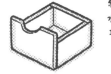

・水貼りテープの貼り方・

how to make → お支度ラック

布の裁断図（1個分）

リネン厚地（無地）　150cm幅
- 36cm 側面布 123cm（高さ130cm）
- 36cm 側面布
- 31cm 内側布 64cm
- 31cm 内側布
- 棚布① 64cm
- 棚布② 36cm

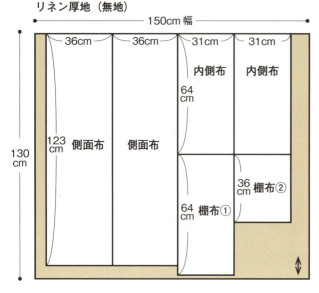

コットン厚地（柄）　70cm幅（高さ70cm）
- 31cm 背面布 63cm
- 31cm 下段箱前面布 22cm
- 28cm ポール受け布
- 11cm

※木工用ボンド：水＝10:1で薄めたボンド液と刷毛、1cm幅の両面テープを用意する

※裁断の前に実際の内寸・外寸を確認し、面の寸法よりも3cmほど大きくとる

* 布貼りする場合

❶ 側面を貼る

❷ 足部分を貼る

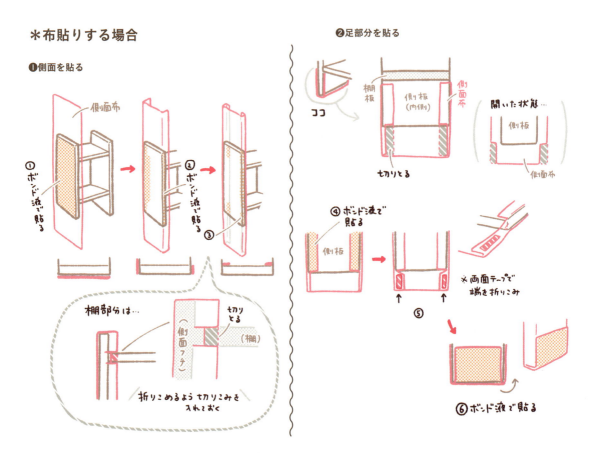

❸上部分を貼る

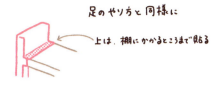

❹内側布を貼る

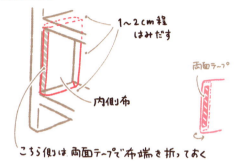

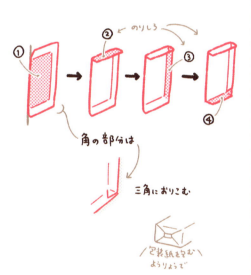

❺棚布を貼る

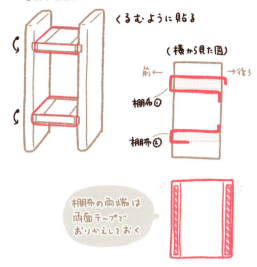

❻背面布を貼る

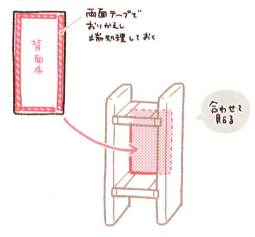

つづく

77

how to make → お支度ラック

❼前面布芯に布を貼り、端はすべて裏に折り込む

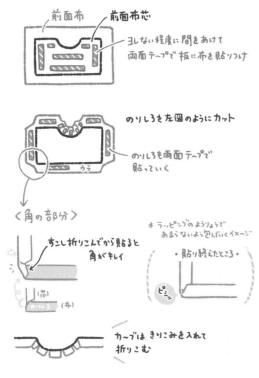

❽❼を下段箱前面に貼る(ボンド圧着)

03 ポールを作る

04 ポール受けを作る

❶3層段ボールを作ってポール受けを切り出し、03のポールが入るか確認

❷布を板に貼る(❷〜❹は布貼り仕上げの場合)

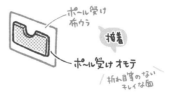

❸のりしろの余分をカット

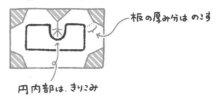

❹両サイド→下辺→中心部の切れ込み→上辺の順にのりしろを貼る

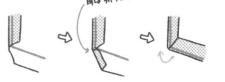

❺本体の側板内側に接着し、ポールを入れる

how to make
→ おままごとレジ 写真 P44-45 作り方 P46-47

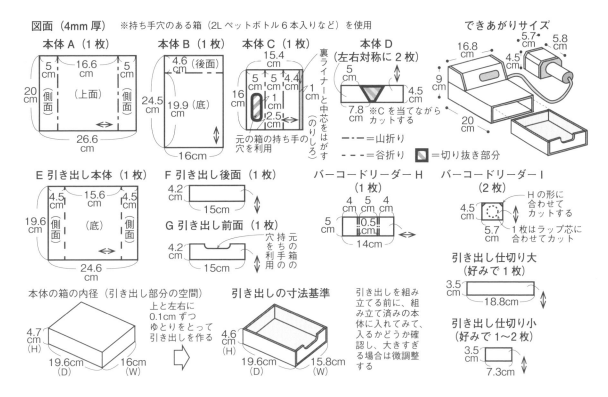

※作り方はP.46-47を参照

玄関に散らばっていく、ふたりぶんの靴。
これ、どうしよう！　と急遽作った
シューズストッカーが、今も活躍しています。
3段で9足収納できます。
朝でかけるとき、靴棚の前で「う〜ん、これ！」
と好きな靴を選ぶふたりです。

作り方 P.81

できあがりサイズ
W45cm×H33.2cm×D14cm
ダンボールの目安
厚さ3mm・W50cm×H23.5cm×D41.5cmの箱（中敷きつき）1個
その他の材料
なし
仕上げ
スプレー塗料、ハケつき塗料、
ステンシルシート＆アクリル絵の具

→ シューズストッカー

難易度 ★★★　　時間 ★★★

how to make
→ シューズストッカー 写真 P80

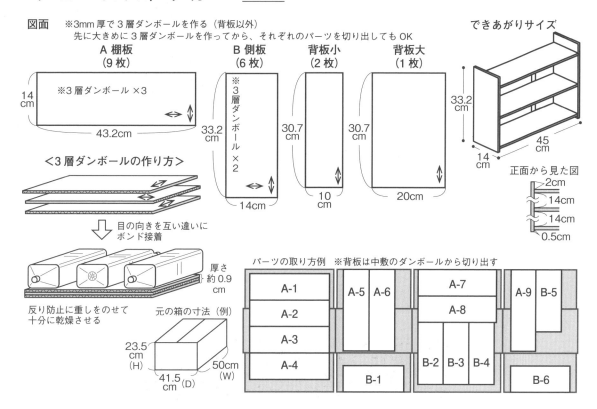

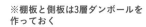

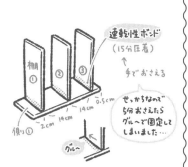

01 側板1枚に棚板3枚を接着

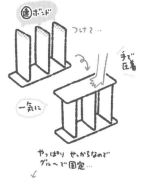

02 反対側の側板を接着

03 背板3枚を接着

04 仕上げ

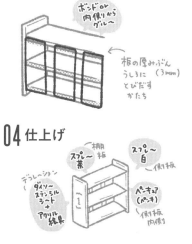

→ 増やせるお便りBOX

難易度 ★★★　時間 ★★★

マグネットつきで冷蔵庫に貼れる

通販の空き箱で作ったお便りボックス。
子供の人数分増やせるので、
兄弟のプリントも管理ができます。
わが家は要返信のものを前に、
月のスケジュールなどを後ろに入れて使用。
マグネットを増やすと安定します。

作り方 P.84

できあがりサイズ
W24.4cm×H33.3cm×D4.3cm
ダンボールの目安
厚さ3mm・W31.9cm×H7.5cm×D24.7cmの箱2個
その他の材料
マグネットプレート
仕上げ
マスキングテープ、ダクトテープ

→ 壁掛け薬棚

難易度 ★★☆　　時間 ★★☆

気管支が弱く、長く服薬していたふたご。
薬局でもらった袋のまま差し込んでおき、
使いたいときにすぐ手に取れるので、
今でも風邪のときなどに重宝しています。
飲む回数で分け、一番下には
大人のサプリメントや軟膏を入れています。
作り方 P.85

できあがりサイズ
W18.2cm×H29.8cm×D4.2cm
ダンボールの目安
厚さ3mm・W40cm×H18.5cm×D30cmの箱1個
その他の材料
ひも
仕上げ
マスキングテープ、元の箱の表ライナー

how to make
→ 増やせるお便りBOX 写真 P82

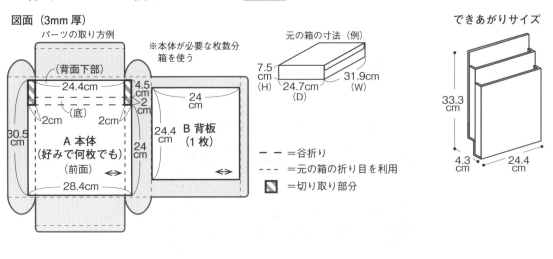

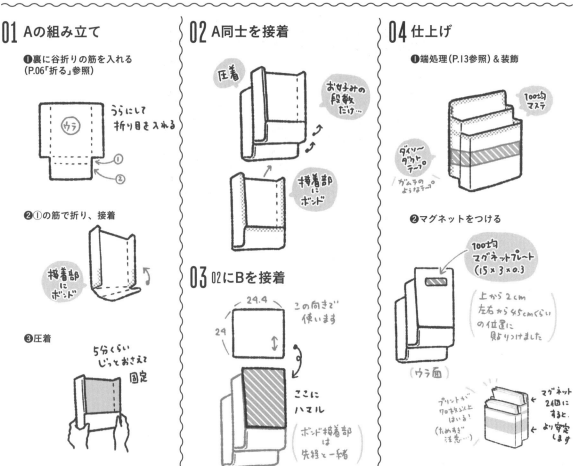

how to make
→ 壁掛け薬棚 写真 P83

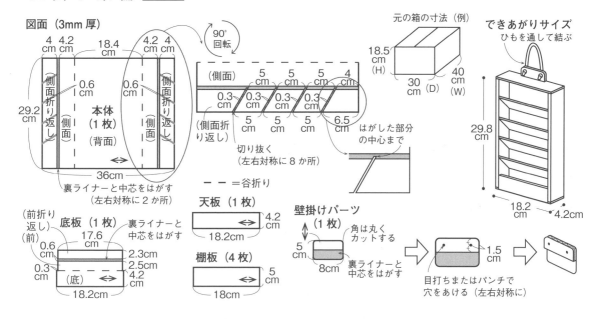

01 本体を作る

❶本体を図のように切り出し、P.17を参照して側面の折り返しを作って固定

❷棚板4枚を切り出し、本体に接着

❸底板を切り出し、①と同様に折り返しを作って固定

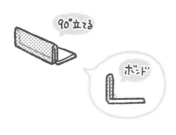

❹天板・③の底板を本体に接着

02 仕上げ

❶壁掛けパーツを本体に接着

磁石で冷ぞう庫などにつける場合は、不要です。
↓
本体ウラにマグネットシートをペタリでOK！

❷端処理(P.13参照)

今回はダンボールのプリントを生かし端処理にもはがした表ライナーをつかいました

→ お絵かき額縁

難易度 ★★★　　時間 ★★★

ふたりがよく使う画用紙の
サイズに合わせて作った額縁。
その日に描いた絵の中からお気に入りを
選ばせて、飾るようにしています。
飾られた絵を見て、ご満悦で
絵の解説をしてくれるふたりです。

作り方 P.87

できあがりサイズ
W41cm×H34.3cm×D1.5cm(大)、
W33.3cm×H25.4cm×D1.5cm(小)

ダンボールの目安
厚さ3mm・W42.5cm×H12.5cm×D35cmの箱1個(大)、
厚さ3mm・W33.3cm×H12.0cm×D25.4cmの箱1個(小)

その他の材料
リボン

仕上げ
包装紙(大)、インテリアシート(小)

how to make
→ お絵かき額縁　写真 P86

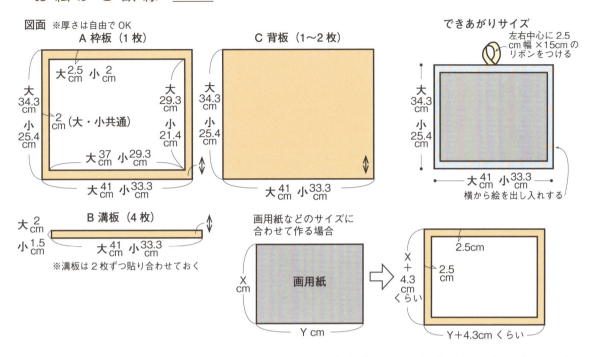

01 本体を作る

❶Cを好みで装飾

❷Bを端処理

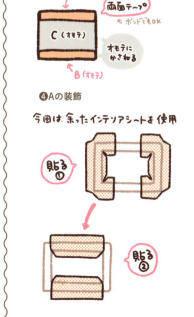

❸CにBを接着

❹Aの装飾

❺③に④を乗せて圧着

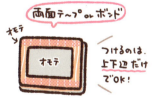

02 リボンをつける

how to make
→ タブレットスタンド 写真 P90

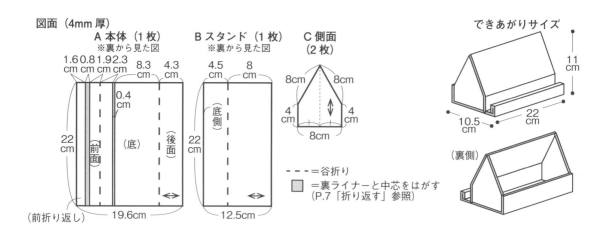

01 本体を作る

❶A・Bを切り出し、筋を入れて折る(P.06「折る」参照)

❷AとBを接着

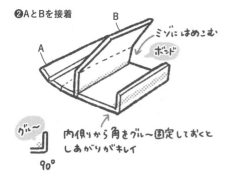

❸Cを切り出して❷にボンド接着

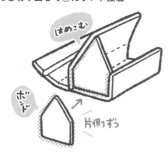

❹AとBのつなぎ目の角をグルーで固定

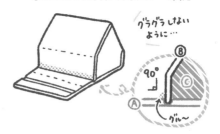

❺Aのスタンド部分を折り返し、立てる

02 端処理

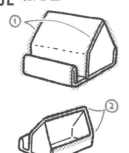

03 塗装（お好みで）

今回は スプレ〜 を使用
＋
ペンキュア

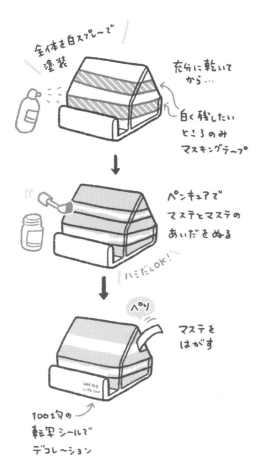

全体を白スプレ〜で塗装

充分に乾いてから…

白く残したいところのみマスキングテープ

ペンキュアでマステとマステのあいだをぬる

ハミだしOK！

マステをはがす

ペリ

100均の転写シールでデコレ〜ション

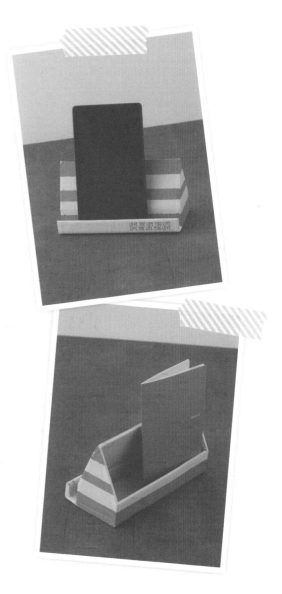

タブレットで動画を見るのが好きなふたご。
ちょうどよいスタンドがなく、作りました。
チャンネル選びでケンカをしながらも、
横並びで画面にくいつくふたりです。
ちょっとした小物を後ろにしまったり、
手帳やレシピスタンドにも活躍します。

作り方 P.88-89

できあがりサイズ
W22cm×H11cm×D10.5cm
ダンボールの目安
厚さ4mm・W45cm×H25cm程度の端切れ
その他の材料
なし
仕上げ
ハケつき塗料、スプレー塗料、
ステンシルシート＆アクリル絵の具

→タブレットスタンド

難易度 ★★★　時間 ★★★

→ 十字ペン立て
難易度 ★★★　時間 ★★★

増えてきた水性ペンや、色鉛筆の収納に。
倒れにくくて仕分けのできる、
十字ペン立てを作りました。
十字のでっぱりが持ちやすいらしく、
自分で好きな場所に移動して使っています。
リモコン立てにもなります。

作り方 P.92-93

できあがりサイズ
W14.3cm×H10.4cm×D14.3cm
ダンボールの目安
厚さ4mm・W30cm×H35cm程度の端切れ
その他の材料
なし
仕上げ
ダクトテープ

how to make
→ 十字ペン立て 写真P91

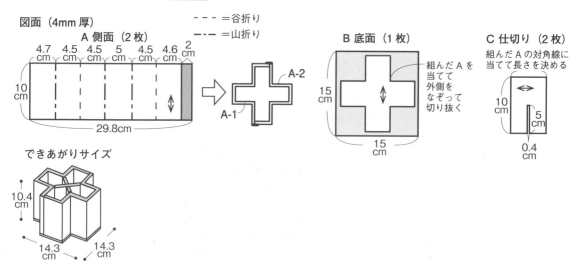

01 本体を作る

❶Aを切り出し、筋を入れて折る(P.06「折る」参照)

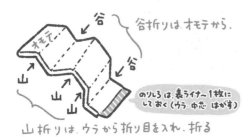

❷①で折った折り目を90°で固定

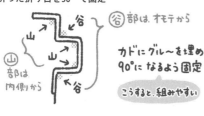

❸A同士をのりしろで接着

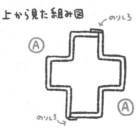

❹③をダンボールに載せて外側に沿ってマーキングし、Bを切り出す

❺③の底側にボンドをつけ、Bと接着

02 仕切りを作る

❶10cmの高さに切ったダンボールを本体の対角線に当て、長さを決めて切り出す

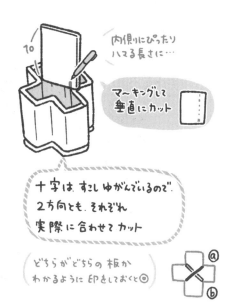

❷仕切りの組み立て

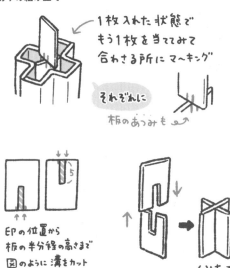

❸仕切りの接着

03 仕上げ

❶装飾

❷端処理（P.13参照）

表紙のきれいな箱（2020 TOWNやフェリシモ）なら端処理（マスキングテープ）だけでもキレイな仕上がりに！

中央の仕切りの部分はヨコ目なので端処理しなくてもOK。
（ナミは見えないので）

みんなのアイデア集

作品を発表しているTwitterやInstagramなどのSNSで完成報告いただいた方の中から、アイデアあふれるすてきな作品を紹介します。ぜひ、自分らしく使いやすくアレンジして、楽しんでくださいね！

Twitter→@pucchanPC
Instagram→@futagoe

**おもちゃスペースつきで
すっきり収納**
ばじさん

絵本棚

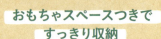
**力作！ ペイント入りの
上下2段式**
chiyoさん

**収納力アップ！
柄がおしゃれな
4列ver.**
おさじさん

**ドットの折り紙で
ちぎり絵風2列ver.**
たっこさん

ダンボールハウス

カーテンリメイクの赤い屋根のおうち
めっこさん

レンガのおうち風 デコレーションハウス
じゃくさん

中で立てる 2箱分の高さのあるハウス
グロウランプさん

おむつストッカー

2個連結して 種類別で使い分け
タコさん

双子ママ作 ウォールステッカーでデコ
ともさん

梱包テープで偶然できた すりガラス風の窓つき
Mihoさん

95

pika
ピカ

絵と工作が好きな2児の母。幼いころから絵やマンガに親しむ。勤務医として働くかたわら、ふたご育児の様子をマンガに描きとめたブログ「続々ピカ待ち☆ふたご絵日記」が注目を集める。著書に『ピカ待ち☆ふたご絵日記』(永岡書店)がある。

ブログ　続々ピカ待ち☆ふたご絵日記
https://futagoe.com

- staff -

ブックデザイン	前原香織
撮影	白井由香里　森谷則秋
編集協力	長瀬香奈子
編集担当	有馬麻理亜

- special thanks -

Lily-MOS　http://gotha.blog133.fc2.com

- 素材・用具協力 -

オルファ株式会社
大阪府大阪市東成区東中本2-11-8
TEL 06-6972-8101(代表)

カモ井加工紙株式会社
mtプロジェクト事務局
岡山県倉敷市片島町236
TEL 086-465-5800

コニシ株式会社
http://www.bond.co.jp/

ニッペホームプロダクツ株式会社
東京都品川区南品川4-1-15 日本ペイントホールディングス内
TEL 03-3740-1269(お客様相談室)

パンパース　お客様相談室
兵庫県神戸市中央区小野柄通7-1-18
0120-021329(土日祝日除く月～金9：15～17：00受付)
https://www.jp.pampers.com

藤原産業株式会社
兵庫県三木市福井2115-1
TEL 0794-86-8200
http://www.fujiwarasangyo.co.jp/

ヤマト株式会社
東京都中央区日本橋大伝馬町9-10
0120-36-6203(お客様ご相談窓口)
https://www.yamato.co.jp/

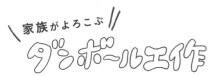

家族がよろこぶ
ダンボールエ作

発行日	2018年8月27日
著者	pika
発行人	瀬戸信昭
編集人	今ひろ子
発行所	株式会社 日本ヴォーグ社 〒164-8705　東京都中野区弥生町5-6-11 TEL 03-3383-0628(販売)　03-3383-0637(編集)
出版受注センター	TEL 03-3383-0650　FAX 03-3383-0680
振替	00170-4-9767
印刷所	大日本印刷株式会社

Printed in Japan　©pika 2018
NV70491
ISBN978-4-529-05821-6　C5077

○印刷物のため、実際の色とは色調が異なる場合があります。
○万一、落丁本、乱丁本がありましたら、お取り替えいたします。小社販売部までご連絡ください。
○本誌に掲載する著作物の複写に関わる複製、上映、譲渡、公衆送信(送信可能化を含む)の各権利は株式会社日本ヴォーグ社が管理の委託を受けています。

JCOPY ＜(社)出版者著作権管理機構　委託出版物＞
本書の無断複写は著作権法上での例外を除き禁じられています。複写される場合は、そのつど事前に、(社)出版者著作権管理機構(TEL 03-3513-6969、FAX 03-3513-6979、e-mail: info@jcopy.or.jp)の許諾を得てください。

日本ヴォーグ社関連情報はこちら
(出版、通信販売、通信講座、スクール・レッスン)

http://www.tezukuritown.com/　[手づくりタウン] [検　索]

あなたに感謝しております
We are grateful.

手づくりの大好きなあなたが、
この本をお選びくださいましてありがとうございます。
内容はいかがでしたでしょうか？
本書が少しでもお役に立てば、こんなにうれしいことはありません。
日本ヴォーグ社では、手づくりを愛する方とのおつき合いを大切にし、ご要望におこたえする商品、サービスの実現を常に目標としています。
小社及び出版物について、何かお気づきの点やご意見がございましたら、何なりとお申し出ください。
そういうあなたに、私共は常に感謝しております。

株式会社 日本ヴォーグ社 社長　瀬戸信昭
FAX 03-3383-0602

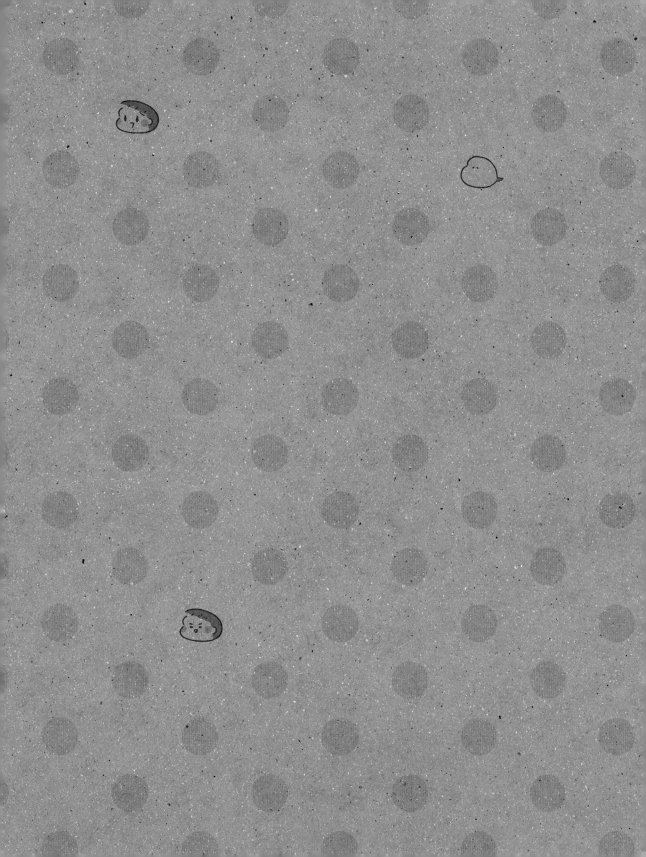

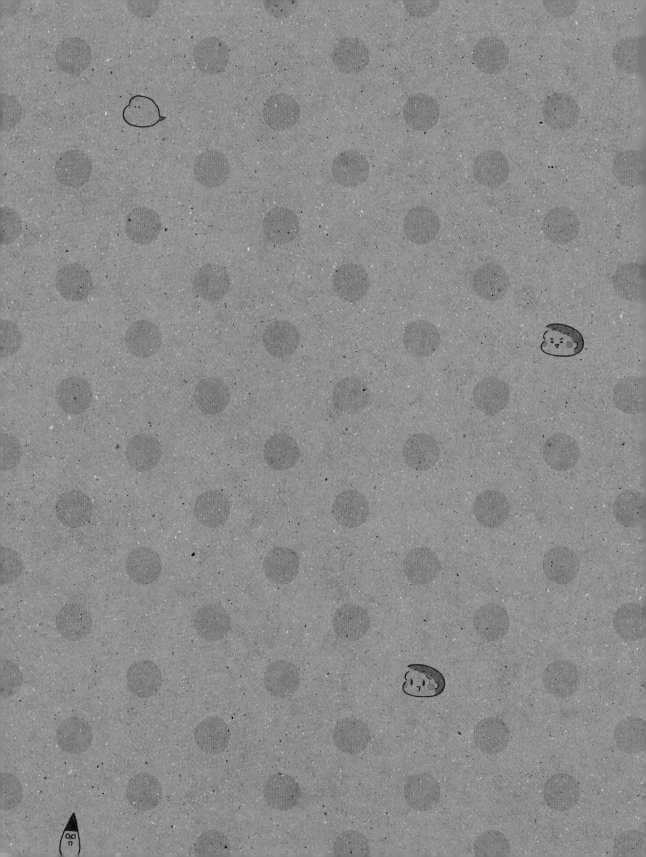